échange en plus 2

Feuilles à photocopier

Lol Briggs
Michael Spencer

OXFORD
UNIVERSITY PRESS

Great Clarendon Street, Oxford OX2 6DP

Oxford University Press is a department of the University of Oxford.
It furthers the University's objective of excellence in research, scholarship,
and education by publishing worldwide in

Oxford   New York

Auckland   Cape Town   Dar es Salaam   Hong Kong   Karachi
Kuala Lumpur   Madrid   Melbourne   Mexico City   Nairobi
New Delhi   Shanghai   Taipei   Toronto

With offices in

Argentina   Austria   Brazil   Chile   Czech Republic   France   Greece
Guatemala   Hungary   Italy   Japan   South Korea   Poland   Portugal
Singapore   Switzerland   Thailand   Turkey   Ukraine   Vietnam

Oxford is a registered trade mark of Oxford University Press
in the UK and in certain other countries

British Library Cataloguing in Publication Data

Data available

ISBN-13: 978-0-19-912477-0

ISBN-10: 0-19-912477-9

10 9 8 7 6 5 4 3 2 1

Typeset by IFA Design Ltd, Plymouth UK

Printed in Great Britain by Pear Tree Press Ltd, Stevenage

Acknowledgements

1.12 Bananastock/OUP; **1.15t** Sipa Press/Rex Features, **1.15b** Paul Cooper/Rex Features;
2.34 Béarnais Pau-Orthez; **2.37bm** Chris Honeywell; **3.54tl** Snap/Rex Features,
3.54bl Cats Kipa/Corbis UK Ltd., **3.54bc** Ronald Grant Archive, **3.54tr** S. Cardinale/Sygma/Corbis UK Ltd.,
3.54br Sipa Press/Rex Features; **5.92tl** Bettmann/Corbis UK Ltd., **5.92cl** Sipa Press/Rex Features,
5.92bl Corbis UK Ltd., **5.92tc** Mary Evans Picture Library, **5.92tr** Rex Features, **5.92cr** Airbus S.A.S.,
5.92br David Ducros/Science Photo Library; **6.109** Chris Honeywell/OUP;
6.111c Frederic Pitchal/Sygma/Corbis UK Ltd; **6.111b** Paul Cooper/Rex Features;
6.112 Dominique Guihamasse;

Illustrations are by Martin Aston: **2.20, 2 24, 2.27, 2.28tl, 2.30br, 2.36t, 2.37bl, 6.118t**;
Stefan Chabluk: **1.1, 1.16tl, 3.41, 3.51, 3.56l, 6.114, 6.119**; Ruth Cox: **1.2, 1.8, 1.10tr&bl, 1.16**;
Clive Goodyer: **2.31, 3.50**; IFA: **1.17, 2.35t, 2.37tl, 4.59, 4.65, 4.69, 4.73, 5.85, 5.87t&bl, 5.88,
5.89b, 5.90, 5.93, 6.105, 6.107l, 6.118b**; Tim Kahane: **1.9, 2.21, 2 23, 2.30, 2.35b, 2.36b, 2.37mr,
3.40, 3.44, 3.47, 3.48, 3.49, 3.55, 3.56r, 4.60, 4.61, 4.62, 4.66, 4.67, 4.68, 4.71, 4.74, 4.75, 4.76,
5.79, 5.80, 5.81, 5.86, 5.87br, 5.91, 5.94, 5.95, 6.106, 6.107r, 6.113,6.120, 6.121**;
Brian Melville: **1.14**; OUP: **1.14, 2.28tr, 3.46, 4.72, 5.89t**.
All other illustrations by David Russell and Kate Sardella of IFADesign Ltd. Plymouth UK

Table des matières

Unité . . . . **Feuilles**

Unité 1. 1–19

Unité 2 20–39

Unité 3 40–58

Unité 4 59–78

Unité 5 79–97

Unité 6 98–120

Le jeux des sorties. 121–122
Progress page 123
Attainment targets. 124–125

Starters/Plenaries 1

1 Regarde la boussole* et complète
les blancs.

Nom: _____

compass

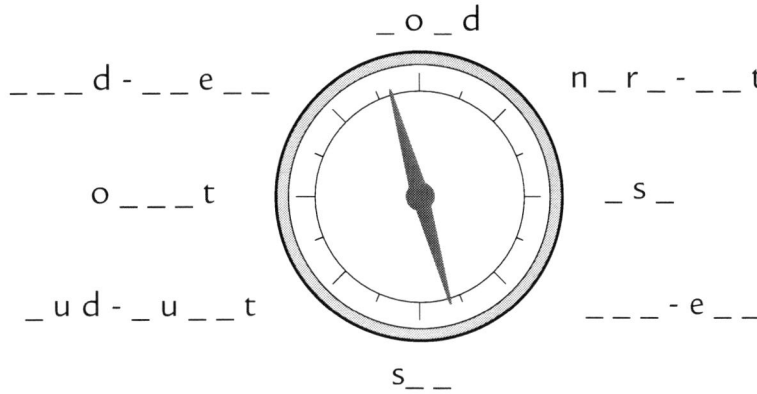

_ o _ d

_ _ _ d - _ _ e _ _   n _ r _ - _ _ t

o _ _ _ t   _ s _

_ u d - _ u _ _ t   _ _ _ - e _ _

s _ _

2 À deux. Lisez les indices, puis écrivez les villes sur la carte.

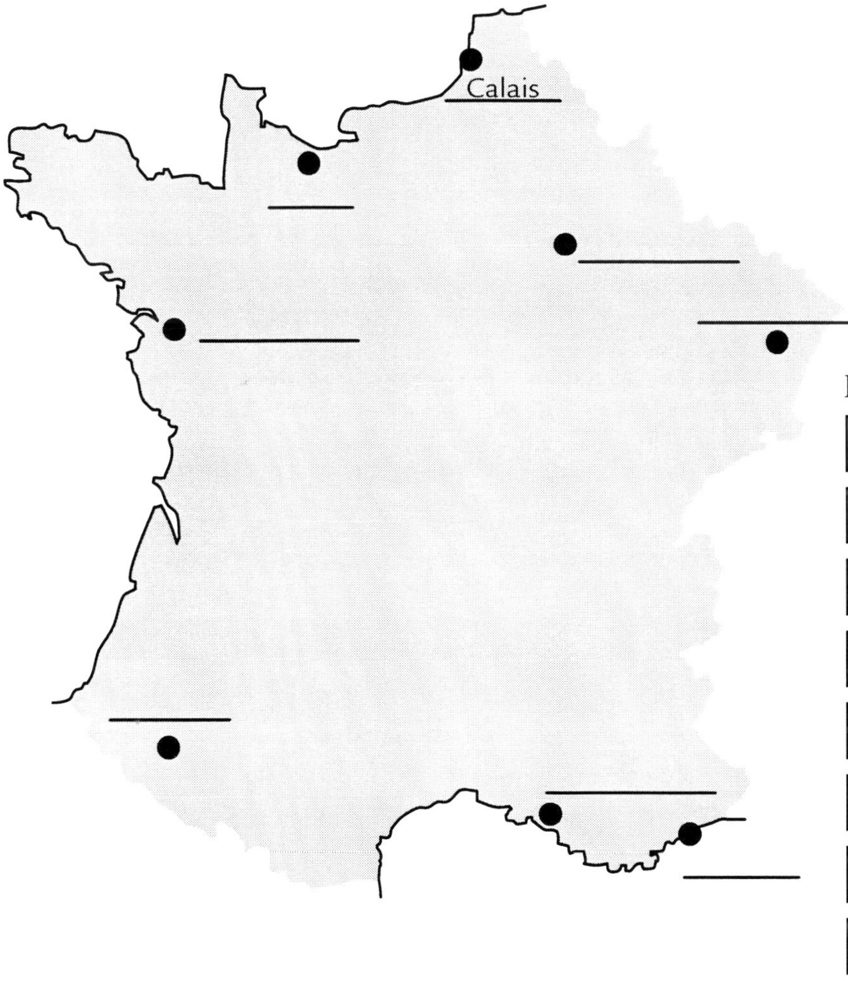

Calais

Exemple:

| laisCa | C'est dans le nord. *Calais* |

| uaP | C'est dans le sud-ouest. |

| sentaN | C'est dans l'ouest. |

| smieR | C'est dans le nord-est. |

| aeCn | C'est dans le nord-ouest. |

| grabsStour | C'est dans l'est. |

| iceN | C'est dans le sud-est. |

| sailMreel | C'est dans le sud. |

3 À deux. Ça se prononce comment? Prononcez les villes à tour
de rôle, puis écoutez et vérifiez.

échange ②
en plus

Nom: _____

ÉQUIPE ROUGE

	A	**B**	**C**	**D**	**E**	
1	ujn	upao	ushbl	ujuve	uchb	dctvi
2	upuj	ushr/bl	urbla	utsn	ubve	dbr
3	uchve	upug/j	ujr	ubvi	ujubl	dsg
4	ucrj	uswn	ubvi	upum	urbve	dchj
5	utsm	urbo	uswbl	ubj	ushvi	dbn/b
	dbo	dctn	dsm	dbve	dchr	dsbl

ÉQUIPE BLEUE

1 En équipe/À deux. Jouez aux 'Blockbusters'.
L'équipe rouge descend les colonnes A–E et 1–5, et l'équipe
bleue traverse les colonnes 1–5 et A–E.
Exemple: (Équipe rouge) 'upao' = **u**n **pa**ntalon **o**range
(Équipe bleue) 'upuj' = **u**n **pu**ll **j**aune

2 Gagnez 5 points en plus! Faites une phrase complète et ajoutez
la colonne supplémentaire.
Exemple: Je porte un jean noir... et des chaussettes violettes (= dctvi)

Focus grammaire 1

Focus sur... -er verbs, *mettre* and -re verbs in the present tense

Nom: _____

Most verbs in French are regular *-er* verbs. Like all other verbs, their endings are determined by the subject of the verb.

1 Choisis les bonnes terminaisons du verbe *porter*.

porter (*to wear*) ➔ **port...** ➔

je port**e**	nous port_____
tu port_____	vous port_____
il port_____	ils port_____
elle port_____	elles port_____
on port_____	

-e -ez -ent -ons -e -es -e -ent

2 Traduis en français.

a He wears jeans and a T-shirt.

_____

_____

b Are you (*Vous*) wearing pink

trainers? _____

_____

c Laura and Justine wear blue baseball caps.

_____

_____

Although *mettre* (to put on) is slightly irregular in the present tense, it has the same endings as other *-re* verbs.

je mets	nous mett**ons**
tu mets	vous mett**ez**
il met	ils mett**ent**
elle met	elles mett**ent**
on met	

3 Vrai ou faux? Choisis 2 phrases.

a All *-er* verbs and *-re* verbs have the same present tense endings.

b *-er* and *-re* verbs have the same plural endings in the present tense.

c All *-re* verbs are irregular in the present tense.

d For *-re* verbs in the present tense, add *-s* to the *je* and *tu* forms, and nothing to the *il*, *elle* and *on* forms.

4 Justify your answers to exercise 3 by writing out the present tense of the 2 verbs shown below.

trouver (to find)   **vendre** (to sell)

_____   _____

_____   _____

_____   _____

_____   _____

_____   _____

_____   _____

échange ②
en plus

Focus grammaire 2

Focus sur... possessive and demonstrative adjectives

Nom: _____

Generally, adjectives agree with the nouns they describe and follow them:
*Nathalie a les yeux **verts** et les cheveux **roux**, mais elle porte une jupe **rouge** et un tee-shirt **rose**!*
However, there are two groups of adjectives that match English word order: possessive and demonstrative adjectives. These always precede the noun.

Je vais mettre mon blouson violet et ma chemise verte.

Quoi?! Tu vas mettre ce blouson avec cette chemise?! Et tu vas mettre cet anorak aussi?!

1 Souligne les adjectifs possessifs et complète les phrases en anglais.

a They are called possessive adjectives because _____ _____.

b Possessive adjectives agree with the _____ and not the _____.

2 Entoure les adjectifs démonstratifs et complète les phrases en anglais.

a They are called demonstrative adjectives because _____ _____.

b The demonstrative adjective that sounds feminine but is in fact masculine is _____. It needs the extra 't' at the end when _____.

3 Complète le tableau.

	my	*your*	*his/her*	*this/that*
masculine	mon	_____	_____	_____ (cet)
feminine	_____	ta	_____	cette
plural	_____	_____	ses	_____

4 Traduis en français.

a I prefer this shirt. I don't like that T-shirt.
_____.

b Are you going to put on these shoes or those trainers?
_____?

c He loves that anorak. _____.

Stratégie 1

Expressing opinions

Nom: _____

> To express opinions you need to use the key verbs of opinion: *aimer, adorer, préférer, détester.*
> *J'adore le look décontracté, mais je n'aime pas le look sport.*
> You can link two opinions in one sentence by using high-frequency words such as *mais, et* and *ou.*
> Note how much variety and flexibility you gain when you use the negative as well as the positive forms of verbs.

In discussions it is often more persuasive if you use *on* because then you will be conveying not just your opinions but also facts:

On *ne porte pas...* **They/You** don't wear...
On *peut...* **They/You** can...

1 Traduis en anglais.

a On ne porte pas d'uniforme scolaire en France.

_____

_____ .

b On peut porter un jean et un tee-shirt, si on veut.

_____

_____ .

c Normalement, je porte un pantalon et un sweat parce que j'aime le look décontracté.

_____

_____

_____ .

It is essential to be able to challenge or react to others' opinions. In unscripted dialogues you need 'filler' comments to keep the discussion flowing and maintain your involvement:
Ah bon? Really?
Je (ne) suis (pas) d'accord. I (dis)agree.
Moi aussi. Me, too/So do I.

To add a bit of emphasis and controversy, you can repeat others' opinions and add a question word, such as *quoi, quand, où,* etc. or simply use the exasperated *Quoi?!*

Quoi?! Tu portes quoi?! Tu aimes quoi?! Tu vas où?!

---

2 With your partner, try applying the words in the box above to the text in exercise 1. Then make up another dialogue about what you wear to parties/at the weekend, with reasons, opinions, reactions and comments.

échange **2**
en plus

Stratégie 2

How to use detail and examples in dictionaries

Nom: _____

Notice how the same word in English means something different in each of these sentences:
1 I'm going to **wear** my trainers.
2 You'll **wear** them **out**.
3 No, they'll **wear well**.

1 Look up 'wear' in a French-English/English-French dictionary and translate sentence 2.
- Are you looking for a masculine or feminine noun, a verb, an adjective, a preposition or an adverb?
- Which of these dictionary abbreviations is the one you are looking for (look for the list of abbreviations in the front, if you have forgotten): *a., v.t./v.i., n., adv., prep., m., f.*?
- Are there any examples given that will help you to decide?

wear, *v.t.* porter (*clothes*); mettre (*to put on*); user (*to wear out*); lasser, fatiguer (*to tire*); **to wear well** durer.

2 Complète les phrases a–c en français avec les 3 verbes 1–3 dans les phrases ci-dessus.

a Je vais _____ mes baskets.

b Tu vas _____ tes baskets.

c Non, elles vont _____.

Here are some more English words that have more than one meaning. Look them up and circle the correct word in French. Remember, if in doubt, once you have found a number of French possibilities, look them up in the French-English section, where you might find an example to help you.

3 Entoure le mot correct.
a *I hate **fashion**.* façon/forme/manière/mode/façonner
b *He's wearing a green **tie**.* lier/attacher/lien/attache/cravate
c *It's my black **coat**.* couche/manteau/revêtir

Accent français

Nom: _____

> In some French words ending in *-er* (including all *-er* infinitives), the letter *r* is silent if it is the last letter.

1 Prononce les infinitifs puis écoute et vérifie.

aller
porter
préférer
sortir
choisir
acheter
finir
mettre
prendre
regarder

> If the *r* isn't silent, you can hear the distinctive French *r* sound, which is quite different from an English *r*.

2 Écoute, compare et répète.

English	Français
Robert	Robert
prefers	préfère
shorts	short
red	rouge
T-shirt	tee-shirt
normally	normalement
how horrible	quelle horreur

3a À deux. Lisez le texte et coloriez le short et le tee-shirt de Robert.

3b Jouez la conversation, puis écoutez et comparez.

Robert préfère porter un short et un tee-shirt.

De quelle couleur? Rose, rouge, marron, vert, gris ou orange?

Normalement, il porte un short rouge et un tee-shirt rose.

Quelle horreur!

4 À vous. Écrivez et enregistrez une conversation comme ça. Changez les détails.

Raoul   Rosine   Charlotte   Jérémy
   Florian   Aurélie
robe   short   chaussures   tee-shirt
   gris   marron   orange   rose
          rouge   vert
     très/trop grand
vraiment?!   quelle horreur!
   oh, c'est affreux!*

* oh, how awful!

Écoute et parle 1

1 Écoute les descriptions des personnes*
A–D et regardez les dessins. Écris les
prénoms.

Personne A = _____

Personne B = _____

Personne C = _____

Personne D = _____

Nom: _____

> * As *personne* and *nationalité* are
> feminine nouns, their adjectives must
> also be feminine. However, this does
> not necessarily mean that the
> 'person' described is female.

Louise

Romain

Thomas

Julie

2 À deux. Partenaire A choisit une personne et partenaire B
commence la description. Qui finit la description?
A: Romain.
B: Il est (un peu) bête.
A: Il est un peu bête et paresseux.
B: Il est un peu bête et paresseux et il a les cheveux courts...

EN PLUS

3 À deux. Plus ou moins? Partenaire A choisit un copain/une
copine ou un(e) prof. Partenaire B devine qui c'est et
Partenaire A donne des indices.
A: C'est une prof.
B: C'est Madame Simon?
A: Non, elle est plus petite que Madame Simon.
B: C'est Madame Christian?
A: Non, elle est plus/moins
intelligente/belle/jeune*/âgée**/sportive/stricte/sympa, etc.
que Madame Christian.
B: C'est...?

* *young(er)* ** *old(er)*

échange ②
en plus

Écoute et parle 2

Partenaire A

1 À deux. Faites un dialogue sur les sorties et les vêtements.

A: Tu vas où samedi soir?

B: _____

A: Moi aussi →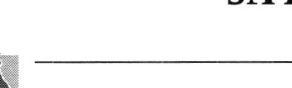

B: _____

A: Je _____

_____ , et toi?

B: _____

Légende

 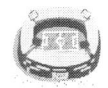 

à la boum   au match   au concert   Je mets.../ Tu mets quoi?

A: → . Je

_____

B: _____

EN PLUS

2 À deux. Imaginez que vous êtes élèves en France. Faites un dialogue sur les vêtements et le collège. Qu'est-ce que vous mettez? Donnez vos opinions sur les vêtements et les couleurs.

[Partenaire B — contenu imprimé à l'envers :]

Partenaire B

1 À deux. Faites un dialogue sur les sorties et les vêtements.

A: _____?

B: ←  ... toi?

A: _____

B: Tu  _____

A: _____?

B: Je  _____

A: _____

Et samedi, _____ tu vas où?

Légende

à la boum   au match   au concert   Je mets.../ Tu mets quoi?

A: _____

B: Ah bon? Moi je _____

 _____

EN PLUS

2 À deux. Imaginez que vous êtes élèves en France. Faites un dialogue sur les vêtements et le collège. Qu'est-ce que vous mettez? Donnez vos opinions sur les vêtements et les couleurs.

échange 2 *en plus*

Écoute et parle 3

1 Écoute la conversation de Sophie et Aurélie. Complète les phrases.

Nom: _____

a *Doesn't it suit me?* = Ça ne me _____ ?

b *It's horrible.* = C'est _____.

c *That really suits you.* = Ça te _____.

d *I went out with Kevin last Saturday.* = Je suis sortie

_____.

e *It was fine.* = C'était _____.

f *I'm going to buy a dress.* = Je vais _____.

g *Not that blue and yellow dress?!* = Pas cette _____!

h *Oh yes! I think it's really lovely!* = Si! Et _____!

2 Réécoute. Écris V (vrai), F (faux) ou ? (on ne sait pas).

a Sophie va sortir samedi.

b Elle ne va pas aller au club des jeunes avec Kevin.

c Elle veut mettre son jean rose et son sweat vert.

d Aurélie n'est pas d'accord avec Sophie.

e Aurélie aussi va sortir avec Kevin ce week-end.

f Comme vêtements pour Sophie, elle propose une jupe noire et un tee-shirt blanc.

g Elle a porté sa jupe blanche et son tee-shirt blanc samedi dernier.

h Sophie est d'accord avec Aurélie.

i Elle va acheter une robe bleue et jaune.

j Sophie est jalouse d'Aurélie.

3 Corrige les erreurs de l'exercice 2.

EN PLUS

4 À deux. Réécoutez le dialogue et prenez des notes, puis jouez la scène. Servez-vous des réponses aux exercices 1 et 2, et changez les détails (prénoms, jours, sorties, vêtements, couleurs), si vous voulez.

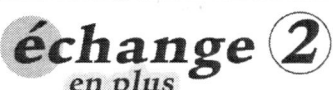

Lis et écris 1

1 Trouve les 10 adjectifs.

Nom: _____

```
A B B E L L E E T Q U E B E
N I G A L L O I S U B E A L
G U A D E L O U P E E N N E
L G U A M A R O C B A I G M
A F Y P A R E S S E U X L A
I R L A B E T E S C T P A R
S P O R T I V E F O U E I R
P E X E C O S S A I S E S A
O T U S P O R T I S E N E N
```

_____

_____

_____

_____

_____

_____

_____

_____

_____

_____

2 Lis le mail d'Énola et souligne les adjectifs.
Puis, complète le tableau.

Salut!

Je vais te présenter une de mes copines.
Elle s'appelle Amina, et elle est
marocaine. Elle a 14 ans, elle est assez
petite et elle a les yeux marron et les
cheveux noirs. Elle est très marrante et
assez intelligente, mais elle est un peu
paresseuse aussi. Elle n'est pas
énergique, alors elle n'est pas sportive
non plus, mais elle est très sympa.

A+

Énola

	masculin	féminin
1	marocain	marocaine
2		
3		
4		
5		
6		
7		
8		
9		
10		

EN PLUS

3 À toi. Écris un mail pour présenter un copain et une
copine à ton/ta correspondant/e français/e.

Lis et écris 2

Nom: _____

À mon avis

On ne porte pas d'uniforme scolaire en France, c'est vrai, et on peut choisir son 'look' même pour aller au collège. D'accord avoir le choix, c'est bien, mais on va au collège pour apprendre et pas pour  avoir le meilleur look. Je trouve ça idiot, la mode au collège. Les élèves britanniques portent un uniforme scolaire et, en France, on dit: 'Les pauvres, c'est nul ça!' Mais c'est quoi, l'uniforme scolaire britannique? Un pantalon

noir (ou une jupe noire pour les filles) et une chemise ou un tee-shirt avec un sweat. Et qu'est-ce que les élèves français portent pour aller au collège? Un jean ou un pantalon et un tee-shirt avec un sweat. Ce n'est pas là aussi un uniforme?! À mon avis l'uniforme scolaire est une bonne chose, pas pour la discipline, mais pour éviter ce problème idiot de mode et de look au collège.

Florian, 14 ans

1 Lis l'article de Florian. Comment dit-on en français?

a *It's true* _____

b *even for* going to school*
_____
_____

c *in order to* learn*
_____

d *for* the girls*
_____

e *Isn't that a uniform?*
_____

f *a good thing* _____

g *(in order) to* avoid* _____

> * Note how the high-frequency word *pour* can be used in two ways here – its usual meaning 'for' and '(in order) to...' + infinitive.

2 Au contraire. Traduis en français. Complète les phrases.

a *It's false* = C'est _____

b *even for going into town* = Même pour
_____

c *in order to do sport* = _____ du sport

d *for the boys* = _____ les
_____

e *Isn't that a problem, too?* = Ce n'est pas là _____?

f *a bad thing* = _____ chose

g *(in order) to cause a problem* =
_____
un problème

EN **PLUS**

3 Quel est ton avis (a) sur l'article ou (b) sur l'uniforme scolaire? Écris un paragraphe, et donne tes raisons.

1 Tu connais ces 6 couleurs de l'arc-en-ciel? Recopie-les dans le bon ordre sur le dessin (et colorie l'arc-en-ciel, si tu veux!).

Nom: _____

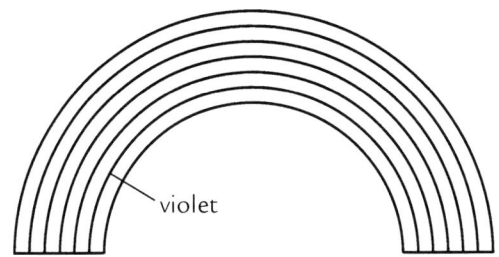

violet

rouge	vert	bleu
orange	~~violet~~	jaune

2 Sers-toi des couleurs de l'arc-en-ciel pour compléter les couleurs des signes du zodiaque. Regarde aussi la page 18 du livre de l'étudiant.

Capricorne (22/12–20/01) bleu + violet

Verseau (21/01–18/02) violet

Poissons (19/02–20/03) _____+ rouge

Bélier (21/03–20/04) rouge

Taureau (21/04–21/05) rouge + orange

Gémeaux (22/05–21/06) _____

Cancer (22/06–22/07) _____+_____

Lion (23/07–23/08) _____

Vierge (24/08–23/09) _____ +_____

Balance (24/09–23/10) _____

Scorpion (24/10–22/11) _____+_____

Sagittaire (23/11–21/12) bleu

3 Test de mémoire ou de logique? Relie les couleurs et les qualités personnelles.

1	le bleu	**a**	la passion et la logique
2	le vert	**b**	la sociabilité et la créativité
3	le jaune	**c**	l'action et la passion
4	l'orange	**d**	le calme et la logique
5	le rouge	**e**	l'intelligence et la joie
6	le violet	**f**	la tolérance et la responsabilité

échange ②
en plus

Projet d'informatique 1

La francophonie et les DOM-TOM

Nom: _____

Francophonie is the word used to describe where French is spoken around the world.

The *Agence intergouvernementale de la Francophonie* is an organisation that supports speaking French across the world, providing financial support and guidance in five major areas:

1   cultural and linguistic diversity
2   peace, democracy and justice
3   education, training and youth
4   development and co-operation
5   promoting *francophonie* in ICT.

In the following countries French is spoken in addition to each country's native language(s):

Pays membres de l'Agence intergouvernementale de la Francophonie

Albanie Bénin Bulgarie Burkina Faso Burundi Cambodge Cameroun Canada
Canada Nouveau-Brunswick Canada Québec Cap-Vert Centrafrique
Communauté française de Belgique Comores Congo Congo RD Côte d'Ivoire
Djibouti Dominique Egypte France Gabon Guinée Guinée Bissau
Guinée équatoriale Haïti Laos Liban Luxembourg Macédoine Madagascar
Mali Maroc Maurice Mauritanie Moldavie Monaco Niger Roumanie Rwanda
Sainte-Lucie Sao Tomé et Principe Sénégal Seychelles Suisse Tchad Togo
Tunisie Vanuatu Vietnam

---

1 There are over 50 member countries listed above. Tick the ones you have heard of, then choose 5 more and find out as much as you can about them on the Internet.

2 Now find out about the disciplines/events that are organised for the Francophone Games by the agency, on www.jeux.francophonie.org. When and where will the next games be held?

3 Which '*pays francophone*' appeals to you most and why?

Projet d'informatique 2

La mode, la haute couture et le prêt-à-porter

Nom: _____

> **Le prêt-à-porter, la mode à des prix abordables***
> ******affordable prices*
>
> Paris is still renowned as the centre of 'haute couture' or high-class dressmaking/fashion, and there are many famous French 'couturiers' or fashion designers, such as Jean-Paul Gaultier, Coco Chanel, Pierre Cardin, Paco Rabanne, Yves Saint-Laurent, Christian Dior, Christian Lacroix, Givenchy, Guy Laroche, Ungaro.

Paris, centre de la haute couture

1 Highlight or tick any of the designers listed above that you have heard of.

2 Read the quotations on the right relating to one of the designers. Find out the following about him, then say who he is. The anagram of his name below* will help.)

*Perri raced in

a What was he the first to do in 1959 and what effect did it have on the other fashion designers at the time?

b What has he done to help famous pop stars?

c Is colour the most or the least important element in his designs? What are the 2 other elements he mentions?

d Does he prefer making designs for the future or the past? What phrase gives you the answer?

En 1959 il a présenté le prêt-à-porter dans un grand magasin à Paris. Il a choqué les autres couturiers.

Dans les années 60 il a adapté ses vestes sans col en costumes de scène pour les Beatles.

Il a aussi habillé Madonna.

En premier, c'est la forme. Ensuite, la matière. La couleur n'est que le dernier élément.

Ses vêtements préférés: les vêtements qu'il invente pour le monde de demain.

Chacune de mes créations est l'écho des événements artistiques, sociaux, scientifiques de ces 40 dernières années.

e What kind of events have influenced his designs over the past 40 years?

3 What do you think of 'haute couture'? How fashion conscious are you? Find out a few facts about 1 or 2 other *couturiers* in the list above.

Contrôle: Écoute et parle

1 Écoute et relie.

Nom: _____

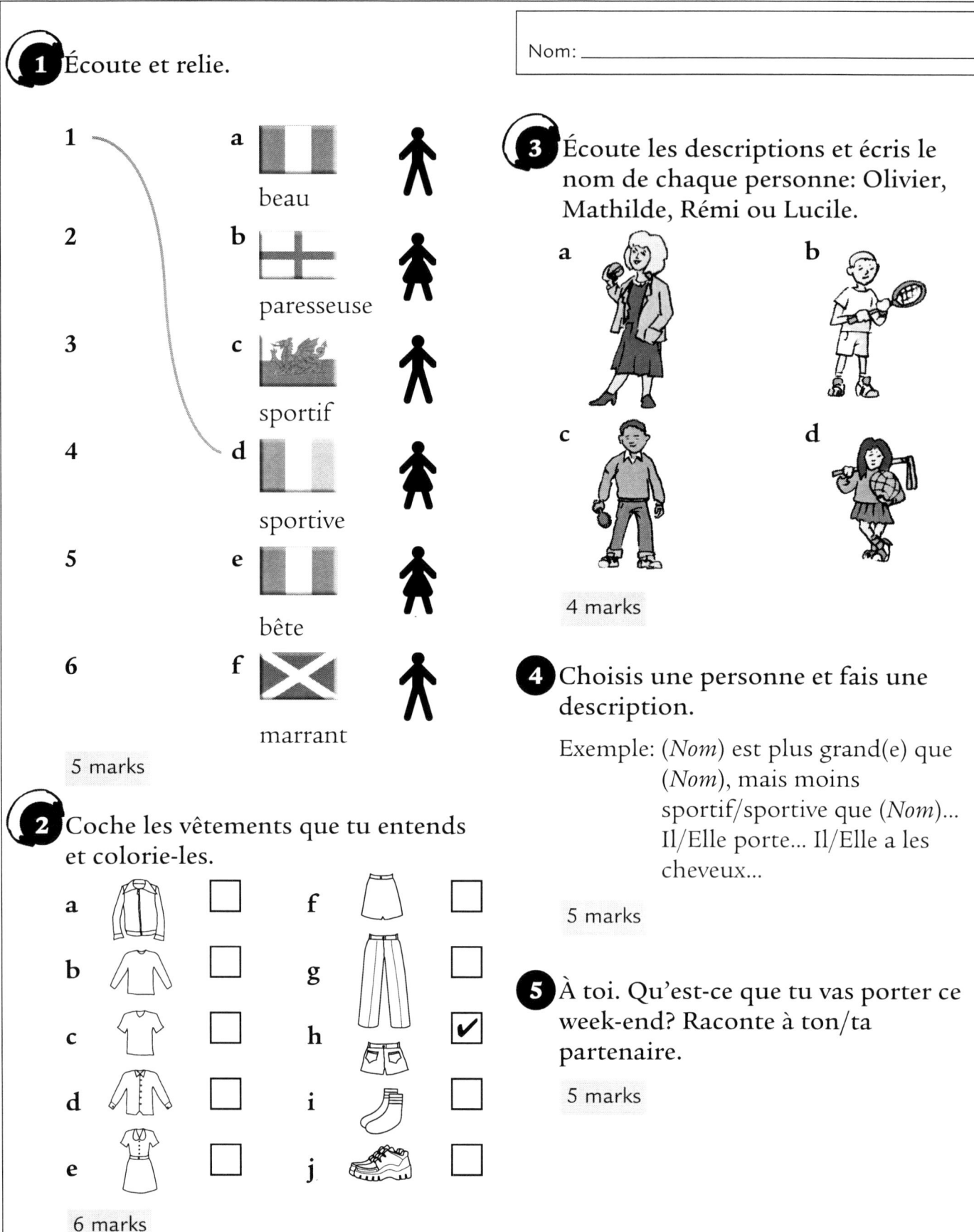

1　　　　a
　　　　　beau

2　　　　b
　　　　　paresseuse

3　　　　c
　　　　　sportif

4　　　　d
　　　　　sportive

5　　　　e
　　　　　bête

6　　　　f
　　　　　marrant

5 marks

2 Coche les vêtements que tu entends et colorie-les.

a ☐　　f ☐

b ☐　　g ☐

c ☐　　h ✔

d ☐　　i ☐

e ☐　　j ☐

6 marks

3 Écoute les descriptions et écris le nom de chaque personne: Olivier, Mathilde, Rémi ou Lucile.

a

b

c

d

4 marks

4 Choisis une personne et fais une description.

Exemple: (*Nom*) est plus grand(e) que (*Nom*), mais moins sportif/sportive que (*Nom*)... Il/Elle porte... Il/Elle a les cheveux...

5 marks

5 À toi. Qu'est-ce que tu vas porter ce week-end? Raconte à ton/ta partenaire.

5 marks

échange ② en plus

Contrôle: Lis et écris

1 Complète la description avec les mots de la case.

Nom: _____

Je m'appelle Charlotte et je suis _____. J'ai les yeux _____ et les cheveux _____ et je suis plus _____ que mon frère. Au collège, je porte une jupe _____ ou un pantalon _____, un sweat _____ et des chaussures _____. Le week-end, je préfère le look décontracté.

7 marks

bleu	bleus	grande
gris	grise	irlandaise
noires	roux

2 Regarde le dessin et la légende et complète la description.

Légende
1 noir   2 blanc
3 rouge   4 jaune
5 vert   6 bleu

Je suis assez grand et j'ai les _____ noirs et les yeux _____. Aujourd'hui, je porte un _____ bleu avec un tee-shirt _____, un _____ _____ et un _____ rouge. Mes _____ sont _____ et j'ai des baskets _____. Tu aimes mon look sport?

5 marks

3 Corrige les erreurs dans chaque phrase.

a Ahmed est ~~moins~~ ∧ *plus* grand que Kevin.
b Roseline est plus sportive que Julie.
c Kevin est plus sportif qu'Ahmed, et plus grand aussi.
d Julie est plus grande que Kevin, mais moins sportive.
e Kevin et Julie sont moins sportifs qu'Ahmed.
f Ahmed et Roseline sont plus sportifs que Kevin.

5 marks

Je ne suis pas du tout sportif.
Je suis très sportive.
Je suis assez sportif.
Je ne suis pas très sportive.

Ahmed   Julie   Kevin   Roseline

4 À toi. Décris-toi.

Nom? Cheveux? Yeux? Grand(e)? Vêtements? Look?

8 marks

échange ②
en plus

Vocabulaire

Nom: _____

Les vêtements	*Clothes*
J'ai/J'achète...	*I have/I buy...*
un/le blouson	*jacket*
un/le jean	*jeans*
un/le pantalon	*trousers*
un/le pull	*jumper*
un/le short	*shorts*
un/le sweat	*sweatshirt*
un/le tee-shirt	*T-shirt*
une/la chemise	*shirt*
une/la cravate	*tie*
une/la jupe	*skirt*
une/la robe	*dress*
une/la veste	*jacket*
des/les baskets (f)	*trainers*
des/les chaussettes (f)	*socks*
des/les chaussures (f)	*shoes*
des/les sandales (f)	*sandals*
Je porte une jupe rouge.	*I am wearing a red skirt.*
Je mets des baskets.	*I put on my trainers.*

Le style	*Fashion*
C'est...	*It's...*
moderne	*modern*
démodé	*old-fashioned*
cool	*cool*
moche	*ugly*
Tu portes ça?	*Are you wearing that?*
Qu'est-ce que tu vas mettre?	*What are you going to put on?*
Ça me va?	*Does this suit me?*
Oui, ça te va./Non, ça ne te va pas.	*Yes, it suits you./No, it doesn't suit you.*

Les opinions	*Opinions*
J'adore ce tee-shirt.	*I love this T-shirt.*
Je déteste cette robe.	*I hate this dress.*
Je préfère ces baskets.	*I prefer these trainers.*
J'aime le vert, mais je préfère le rouge.	*I like green but I prefer red.*
Je pense que...	*I think that...*
À mon avis...	*In my opinion...*
Je suis d'accord (avec toi).	*I agree (with you).*
Je suis pour/contre l'uniforme scolaire.	*I'm in favour of/against school uniform.*
Je ne suis pas d'accord.	*I don't agree.*
Moi aussi	*Me, too*
assez	*fairly, quite*
très	*very*
un peu	*a bit/little*
Quoi?! Tu aimes ça?	*What?! Is that what you like?*

Les nationalités	*Nationalities*
anglais(e)	*English*
écossais(e)	*Scottish*
français(e)	*French*
gallois(e)	*Welsh*
guadeloupéen(ne)	*Guadelupian*
irlandais(e)	*Irish*
marocain(e)	*Moroccan*
québécois(e)	*Quebecan*

Les comparaisons	*Comparisons*
Maxime est **plus** intelligent **que** Julie.	*Maxime is more intelligent than Julie.*
Corinne est **moins** sportive **qu'**Élodie.	*Corinne is less sporty than Élodie.*

Je sais...

Nom: _____

	Me	My partner

I know how to...

- say what someone's nationality is and give my own: *Laura est française; Romain est français, je suis anglais(e)* ☐ ☐

- describe hair and eye colour: *j'ai les yeux bleus; elle a les cheveux noirs* ☐ ☐

- give my opinion using *je pense que...* and *à mon avis* ☐ ☐

- make comparisons: *elle est* **plus** *paresseuse* **que** *moi; il est* **moins** *sportif* **que** *moi* ☐ ☐

- name items of clothing: *un sweat, un blouson, une robe, des chaussures* ☐ ☐

- make adjectives of colour agree with the noun they describe: *un pantalon bleu, une jupe gris***e***, des baskets noir***es*** ☐ ☐

- say what I wear and what other people wear using *porter* (to wear): *je porte un jean et un tee-shirt; Simon porte un pantalon et un pull* ☐ ☐

- give my opinion about school uniforms: *je suis pour l'uniforme scolaire parce que c'est l'égalité entre les élèves; je déteste l'uniforme scolaire parce que je ne veux pas être comme tous les autres élèves* ☐ ☐

- say whether I agree or disagree using *je suis d'accord* or *je ne suis pas d'accord* ☐ ☐

- use the present tense of *mettre* to say what I and others put on: *je mets des baskets; elle met une jupe* ☐ ☐

- say what I am going to do using the near-future tense: *je vais sortir; je vais aller au concert* ☐ ☐

- ask if something suits me: *Ça me va?* and tell someone that something suits them: *Ça te va bien* ☐ ☐

- say 'this'/'these' using demonstrative adjectives: *j'adore* **ce** *livre; elle préfère* **cette** *chemise; tu vas mettre* **ces** *chaussures?* ☐ ☐

- pronounce the letter 'r' ☐ ☐

échange ②
en plus

Starters/Plenaries 1

1 Regarde le dessin et remplis les blancs.

Nom: _____

les _ _ _ _ _ _ _ _

les _ _ _ _ _

l' _ _ _ _ _ _

les _ _ _ _ _ _

le _ _ _ _ _

la _ _ _ _ _

la _ _ _ _ _

le _ _ _ _ _

_ _ _ _ _ _ _ _ _

_ _ _ _ _ _ _ _ _ _

2 Regarde les dessins et complète les dialogues.

A

– Salut! Comment ça va?

– Oh, _____!

– Qu'est-ce qui ne va pas?

– _____

– Mon pauvre! _____ chez le _____

B

– Bonjour, madame. _____ ?

– J'ai _____

– Vous _____ aussi?

– Non, mais _____

– Alors, _____

 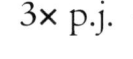 3× p.j.

– Merci, _____

3 À deux. Lisez les dialogues A et B, puis écoutez et vérifiez.

échange ② *en plus*

Starters/Plenaries 2

1 Fill in the mind map on healthy living. | Nom: _____

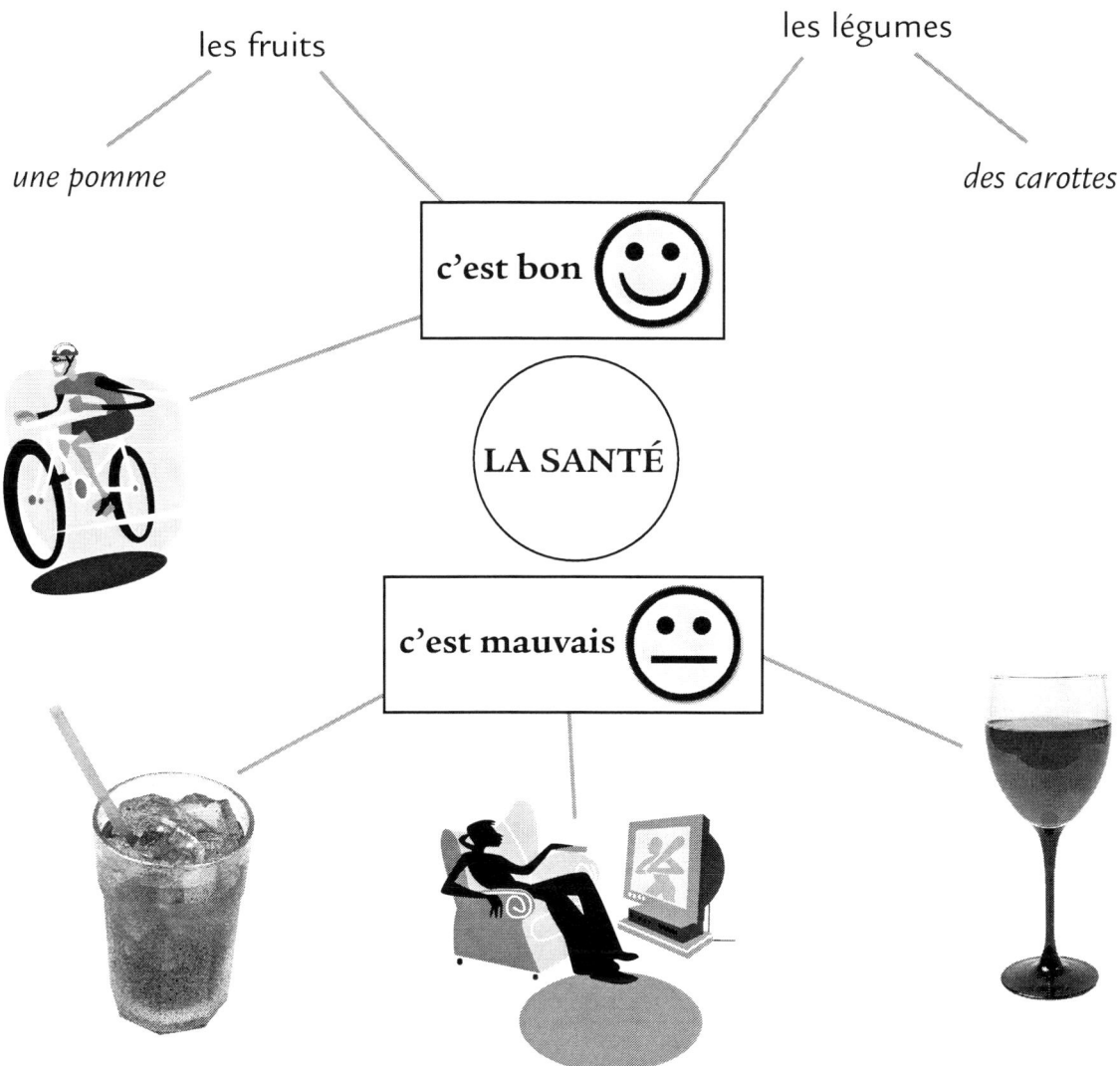

les fruits les légumes

une pomme *des carottes*

c'est bon

LA SANTÉ

c'est mauvais

2 Entoure l'intrus.

a cinquante pour cent, $\frac{1}{2}$, la moitié, deux tiers, 50%
b $\frac{1}{3}$, trois, 33,333, un tiers, 0,333
c un quart, 25%, la plupart, $\frac{1}{4}$, vingt-cinq pour cent
d 90%, trois quarts, la plupart, un tiers, quatre-vingts pour cent
e premier, première, deuxième, troisième, quatre

3 À deux. Expliquez votre choix d'intrus.

échange 2
en plus

Focus grammaire 1

Focus sur... *à + le/la/l'/les*

Nom: _____

> Use the preposition *à* to say:
> • 'to' a place (*je vais à la pharmacie/à Paris*)
> • 'at' a place (*je suis à la pharmacie/à Paris*)
> • what part of you hurts (*j'ai mal à la jambe*)
> Remember, *à + le = au, à + les = aux*.

1 Remplis les blancs avec *à, au, à la, à l'* ou *aux*.

a Georges a mal _____ gorge.

b Il va _____ supermarché et _____ pharmacie.

c Yasmin a mal _____ yeux, mais elle va _____ collège.

d Je ne vais pas _____ centre sportif parce que j'ai mal _____ épaule.

e _____ école, on a souvent mal _____ tête!

f Mon copain _____ Pau a mal _____ dos.

2 Traduis les phrases de l'exercice 1 en anglais.

a _____

b _____

c _____

d _____

e _____

f _____

Focus sur... *l'impératif*

> Use the imperative to give instructions or commands.
> Remember to use the correct form for the person(s) you are talking to:
> • *tu* form for a friend, close family member (informal)
> • *vous* form for an adult (formal)
>   *vous* form for more than one person (plural)

3 Complète la grille.

	informal	*formal*	*meaning*
rester		restez	
aller	va		
boire			to drink
prendre	prends		
mettre			to put on

4 Écris des phrases.

a Mme Buron, ___*mettez*___ cette crème deux fois par jour. (mettre)

b Zoé, _____ chez le docteur. (aller)

c Les enfants, _____ beaucoup d'eau minérale. (boire)

d Luc, _____ ces comprimés trois fois par jour. (prendre)

e M. Duchamp, _____ à la maison et _____ au lit. (aller, rester)

f Mathilde, ne _____ pas de coca. (boire)

échange 2
en plus

Focus grammaire 2

Focus sur... saying what you must and must not do

Nom: _____

> There are two ways of saying what you must and must not do:
> *il faut, il ne faut pas* + infinitive
> *tu dois/vous devez, tu ne dois pas/vous ne devez pas* + infinitive

Focus sur... *-ir* verbs

> A few regular verbs end in *-ir*, e.g. *finir, choisir, vomir*.
> They all follow a similar pattern in the present tense.

1 Écris des conseils.

a

___*Vous ne devez pas fumer.*___

(devoir)

b

_____

(devoir)

c

Il _____

d

Il ne _____

e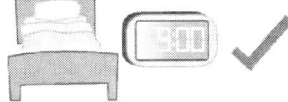

Vous _____

_____

(devoir)

2 Choisis les bonnes terminaisons du verbe '*choisir*' (to choose).

choisir → chois... →

je chois***is***____ nous chois_____
tu chois____ vous chois_____
il chois____ ils chois_____
elle chois____ elles chois_____
on chois____

> -issons   -is   -issent   -it
> -issent   -it   -issez   -it

3 Traduis en français.

a He's choosing something for a cold.

_____

_____

b She finishes her homework after dinner.

_____

_____

c Are you (*Vous*) choosing a T-shirt?

_____

d We are finishing the meal.

_____

Stratégie 1

Identifying and remembering the gender of new nouns

When you learn a new noun, it's important to identify the gender (masculine or feminine), then you have to remember which it is. Use these tips to help you think of ways to remember genders from now on.

1 The words in the box below usually tell you the gender of the noun they are with. Write the words in the grid.

> ma ton une mon sa le son ta la un

	masc. sing.	fem. sing.
the		
a		
my		
your		
his/her		

If the noun begins with a vowel (*l'*) or is plural (*les/des/mes*) it could be masculine or feminine. Is there an adjective with the noun? The adjective ending might tell you the gender (but some, like *rouge* and *moderne*, are the same for masculine and feminine).

2 Copy the following adjectives into the correct column (top right) .

> verte orange bleue noir grand
> petite rouges gris blanches jaune
> verts modernes

Nom: _____

masculine	feminine	can't tell

You can sometimes tell the gender from the noun itself.
- People are usually the gender that they represent (but *professeur* and *docteur* are always masculine and *personne* is always feminine!).
- Here are some typical endings of nouns, but there are lots of exceptions, so watch out.
  masculine: *-eur, -er, -in, -re, -eau, -al*
  feminine: *-euse, -ère, -ine, -tion, -oire, -é, -te, -ce, -que*

Look at these ways of remembering whether a noun is masculine or feminine and see if they help you with parts of the body. Try to work out ways of your own.
- Draw a picture to help you:

masc. le bras

fem. la main

- Use some of the letters in the word to remind you:
  L**A** m**A**in / j**A**mbe / ...
  L**E** g**E**nou / n**E**z / v**E**ntre
- Remember the word with an adjective:
  l'oreille droite (ends in e so is feminine)
  un œil vert/des yeux verts (no e in the adjective, so must be masculine).

Stratégie 2

Building more complex sentences

Nom: _____

Make your writing or speech more interesting by using longer, more complex sentences.

Join short sentences together by using **connectives**.
---

1 Écris le français.

a *and* _____

b *but* _____

c *or* _____

d *because* _____ que

Use **adverbs** and adverbial phrases.
---

2 Écris le français.

a *then* p_____

b *next* e_____

c *after that* _____ ça

d *sometimes* _____

Add **qualifiers** to make a longer sentence, with more impact.
---

3 Relie.

1 très dangereux   a *a bit boring*
2 assez important   b *very dangerous*
3 un peu ennuyeux   c *too far*
4 trop loin   d *lots of apples*
5 beaucoup   e *quite*
   de pommes   *important*

Add phrases that give an **opinion** or sound very French!
---

4 Relie.

1 en tout cas, ...   a *I like...*
2 moi, j'aime...   b *well, ...*
3 alors, je n'aime   c *in any case...*
   pas...   d *perhaps you're*
4 eh bien, ...   *right, but...*
5 tu as peut-être   e *well, I don't*
   raison, mais...   *like...*

5 Recopie en faisant des phrases plus longues. Utilise les méthodes ci-dessus.

Exemple:

     beaucoup de   *parce que c'*
Je mange ∧ des bananes ∧ C'est bon pour la santé.

Je mange un paquet de bonbons par jour. Ça me donne de l'énergie. C'est bon pour la forme.

J'adore les frites. Je mange seulement une part de frites deux fois par mois.

Ma mère dit que c'est mauvais pour la santé.

Il ne faut pas boire de café. Le thé, ça va.

échange ②
en plus

Accent français

Recognising and pronouncing the 'o' sound

Nom: _____

The 'o' sound is spelt in many different ways:
o by itself or with an accent **ô** **oh**, **os**, **ot** and **ôt**
au and **eau** **(e)aux**, **(e)aut**, **aud** at the end of a word

1 Prononce ces mots, puis écoute et vérifie.

Léo
Allô!
Oh!
le dos
un mot
bientôt
chaud
beau
faux
des ciseaux

2a Écoute et entoure les mots que tu entends.

au	bateau	beau	cause
chaud	côté	dans	dos
eau	gâteau	idiot	jaune
mal	Monsieur	nouveau	Poirot
sauté	tôt	très	trop

2b Barre les quatre mots de la liste qui n'ont pas le son 'o'.

2c Réécoute et complète la phrase.

Monsieur Poirot a très mal _ _ _ _ _
à _ _ _ _ _ d'un _ _ _ _ gâ_ _ _ _
_ _ _ _ _ , et l'_ _ _ _ _ a _ _ _ _ é
t_ _ _ t_ _ dans l'_ _ _ à _ _ _ _ d'un
_ _ _ _ _ _ _ b_ _ _ _ _ j_ _ _ _ !

3 À deux. Faites des phrases ridicules. Utilisez les mots de l'exercice 2 ou d'autres mots avec le son 'o'. Voici encore des mots pour vous aider:

un pédalo haut un yo-yo hôtel
le zoo cadeau la faute la note

*é**change** ②*
en plus

Écoute et parle 1

1 Écoute et trouve la bonne image.
Écris les lettres dans la grille.

Nom: _____

1	2	3	4	5	6	7	8
d							

a    **b**    **c**    **d**

e    **f** 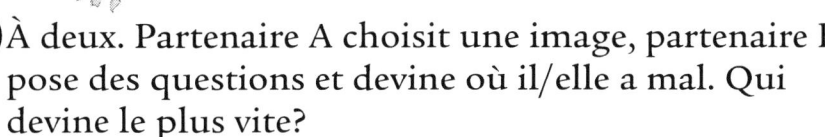   **g**   **h**

2 À deux. Partenaire A choisit une image, partenaire B pose des questions et devine où il/elle a mal. Qui devine le plus vite?

Exemple: (Partenaire A choisit l'image b.)
B: Salut! Ça va?
A: Non, ça ne va pas!/Ça va mal.
B: Tu as mal à la tête?
A: Non. (Je n'ai pas mal à la tête.)
B: Tu n'as pas faim?
A: Non, ce n'est pas ça.
B: Tu tousses?
A: Oui, c'est ça!

EN PLUS

3 Le jeu des mimes. Ça va très mal! Partenaire A mime trois choses, partenaire B devine le problème.

Exemple:

(Partenaire A mime: 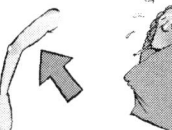  .)

B: Tu as mal au bras, tu as chaud et tu as mal à la tête.
A: J'ai mal au bras et j'ai mal à la tête, mais je n'ai pas chaud.
B: Alors, tu as mal au bras, ...

échange ②
en plus

Écoute et parle 2

Partenaire A

1 À deux. Faites un dialogue à la pharmacie.

A: Bonjour. Vous désirez?

B: _____

_____

A: Vous avez t.l.t. aussi?

B: _____

_____

A: Alors,  3x p.j. ap.  .

B: _____

_____

= pendant la nuit   = matin et soir

t.l.t. = tout le temps   qqch. = quelque chose

3x p.j. = trois fois par jour

ap. = après les repas

EN **PLUS**

2 À deux. Donnez des conseils et donnez vos opinions sur ces conseils.

Exemple:
A: J'ai mal au dos.
B: Alors, mets cette crème.
A: Ah, oui. C'est très bien, ça./Non, je n'aime pas ça!

---

n'aime pas ça!
A: Ah, oui. C'est très bien, ça./Non, je
B: Alors, mets cette crème.
A: J'ai mal au dos.
Exemple:
donnez vos opinions sur ces conseils.
2 À deux. Donnez des conseils et
EN **PLUS**

ap. = après les repas

3x p.j. = trois fois par jour

t.l.t. = tout le temps   qqch. = quelque chose

= pendant la nuit   = matin et soir

B: Merci.

A: _____

B: **✗**, mais

A: _____

B: J'ai 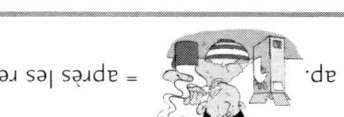 et

A: _____ ?

pharmacie.

1 À deux. Faites un dialogue à la

Partenaire B

Écoute et parle 3

1 Écoute la conversation à la maison des jeunes. Écris V (vrai) ou F (faux).

Nom: _____

- **a** Il faut aller aux magasins samedi soir.
- **b** Mélissa pense que les chips, les hamburgers et le coca ne sont pas bons pour la santé.
- **c** Les salades ne sont pas intéressantes.
- **d** On fait la salade de fruits avec de l'huile et du vinaigre.
- **e** Paul mange beaucoup de pain.
- **f** Pour la salade de pommes, il faut avoir de la mayonnaise.
- **g** Lucile pense que la pizza, c'est bon pour la santé.
- **h** On boit seulement de l'eau minérale à la boum.
- **i** Sylvain dit qu'on a soif quand on danse beaucoup.
- **j** Il écrit une liste d'invités.

2 Corrige les erreurs.

3 Réécoute. Qu'est-ce qu'il faut acheter? Complète la liste.

```
t _____ (2kg)
p_____ (3kg)
m _____ (1 litre)
huile et v_____
_____ (8 baguettes)
_____ (6 gdes, assorties)
jus de _____ (5 l)
_____ (5 l)
_____ (15 l)
```

EN PLUS

4 En groupes, préparez une liste de nourriture et de boissons pour une boum au collège:

- Qu'est-ce qu'on mange et qu'est-ce qu'on boit?
- Qu'est-ce qu'on ne prend pas?
- Pourquoi?
- C'est bon ou mauvais pour la santé?

échange ②
en plus

Lis et écris 1

1 Trouve la bonne image pour chaque texte. Attention! Il y a quatre images sans texte.

Nom: _____

a Il faut manger plus de poisson.
b Tu dois rester au lit quand tu as de la fièvre.
c Vous ne devez pas aller au collège en voiture tout le temps.
d Vous devez mettre la main devant la bouche quand vous toussez.
e Il ne faut pas manger trop de glaces.
f Tu ne dois pas jouer tout le temps sur l'ordinateur.

1  2  3  4  5

6  7  8  9 10

2 Écris des textes pour les quatre images supplémentaires de l'exercice 1.

_____
_____
_____
_____

3 Relis les textes (a–f) et complète les conseils.

a Ne mange pas *trop de glaces* .
b Mange _____
c Mettez _____
d Reste _____
e Ne joue pas _____
f N'allez pas _____

EN **PLUS**

4 À toi. Écris des conseils pour être en forme.

_____
_____
_____
_____

échange ② **en plus**

Lis et écris 2

Point infos

Nom: _____

1 What do you think *langue* means?

_____

2 *Langue* has another meaning. Look at this question and answer, work out the meaning and say how the different meanings of *langue* are related:

On parle quelle langue en Guadeloupe? On parle français.

_____

_____

3 What are the equivalent English expressions to the phrases in the cartoons?

1	*donner un coup de main*	**a**	to have a look
2	*Mon œil!*	**b**	to stick out your tongue
3	*jeter un coup d'œil*	**c**	to lend a hand
4	*donner un coup de pied*	**d**	it's boring
5	*tirer la langue*	**e**	You must be joking!
6	*c'est casse-pieds*	**f**	to kick

*é**change** ②*
en plus

Lis et écris 3

Chère Leila!

Le mois dernier, on a fait un projet santé au collège et j'ai fait des efforts pour rester en bonne santé. J'ai mangé beaucoup de fruits et de légumes, je n'ai pas bu trop de coca et j'ai laissé mes bonbons à la maison – pas de tentation! Et (le plus important!) j'ai décidé de faire plus de sport, chaque jour une heure de sport énergique. La plupart du temps, je suis en forme, mais quelquefois, j'ai tellement faim ou je suis si fatigué que je veux m'endormir au lieu de faire mes devoirs ou de sortir avec mes copains. Peux-tu m'aider à retrouver une vie 'normale'?

Albert, Metz

Nom: _____

La réponse de Leila:

Le sport est important, tu le sais déjà, mais il faut avoir un peu d'équilibre dans la vie. Il faut garder ses amis et il faut avoir une vie saine. Tu ne dis pas quels sports tu fais. Essaie de faire plus de sports d'équipe – comme ça tu as le sport et les copains. Quant à la fatigue, prends des repas équilibrés et nourrissants. Ton corps a besoin d'assez de nourriture pour l'énergie qu'il faut pour faire du sport. Alors, si tu fais du sport à midi, par exemple, prends un bon petit déjeuner, mange un fruit vers onze heures, ne mange pas trop juste avant le sport et bois assez d'eau. Si ça ne va pas mieux, va chez le docteur ou chez un diététicien.

1 Lis la lettre et la réponse. Comment dit-on en français?

a I tried hard   _____

b no temptation   _____

c energetic   _____

d I want to fall asleep   _____

e to get back   _____

f some balance   _____

g a healthy life   _____

h team games   _____

i as for the tiredness   _____

j enough water   _____

2 Lis les textes et...

a souligne en rouge les verbes au passé composé

b souligne en bleu les verbes à l'impératif

c souligne en vert les verbes à l'infinitif.

EN PLUS

3 Quel est ton avis sur le problème d'Albert? Tu es d'accord avec les conseils de Leila? Écris ta réponse à la lettre.

Projet d'informatique 1

La Croix-Rouge

Nom: _____

The *Croix-Rouge* (Red Cross) was the first humanitarian aid organisation, founded by a Swiss businessman in 1864. It has its head office in *Genève* (Geneva) and the international movement now consists of 181 national societies of the *Croix-Rouge* and the *Croissant-Rouge* – and 90 million volunteers!

1 Find out about the origins of the organisation.

- Who was the Swiss businessman?
- What happened in June 1859 that prompted him to found the organisation?
- How did the organisation grow? You will find some useful information on
  www.croix-rouge.fr/goto/presentation/index.asp
  – there's even a *bande dessinée* to read.

2 The 7 basic principles of the *Croix-Rouge* are:
humanité, neutralité, indépendance, impartialité, volontariat, unité, universalité.
How many of these words do you recognise? Explain what they all mean.

3 What is the symbol of the *Croix-Rouge* and what is it based on?

4 Where in the world is the *Croix-Rouge* particularly active at the moment? Find the places on a map.

5 What are the main ways in which the *Croix-Rouge* gives its help?

6 How is it funded?

7 How can you help the organisation?

8 There is a *Musée International de la Croix-Rouge et du Croissant-Rouge* in Geneva. What can you find out about it? Its website is *www.micr.ch.* (Try using the French version, then go to the English one if you get stuck.)

Projet d'informatique 2

Des aspects de Pau

Nom: _____

Le basket à Pau

Basketball is a very popular and successful sport in Pau. The town's team is called *Élan Béarnais Pau-Orthez* and it competes at national and international level. The team's website is *www.elan-bearnais.fr*.

1a Do any players stand out as Pau's star players?

1b Write a profile of one or two of the team members.

2 What is their position in the league? Who are their main rivals? What else can you find out about the tournaments they play in?

3 Where in Pau do they play their home matches?

4 How much do tickets cost? How does this compare to sports events that you go to?

5 What can you buy in their shop? What is your favourite item? How do the products compare with club shops you know of?

6 What can you find out about their education programme?

7 Would you go and watch the team if you were in Pau? Why (not)?

Rosquilles d'Oloron

South-west France is famous for its cooking. Here is a recipe for Rosquilles d'Oloron, meringue-like biscuits that are said to originate in Oloron-Sainte-Marie, not far from Pau.

Ingrédients:
500 g de farine
7 œufs
50 g de beurre
10 g de sel
50 g de grains d'anis
2,5 cl d'eau de fleurs d'oranger

Méthode:
Faites bouillir 12,5 cl d'eau avec 50 g de grains d'anis pendant 10 minutes, puis laissez refroidir.

Mélangez les œufs et le beurre ramolli. Ajoutez la farine peu à peu, puis le sel. Aromatisez d'eau anisée et d'une cuillerée à café d'eau de fleurs d'oranger.

Travaillez la pâte – elle doit être bien homogène. Faites une boule et laissez-la reposer au frais pendant 6 heures.

Préchauffez le four, thermostat 7 (220°C).

Roulez la pâte en un long boudin et formez un 8 et faites cuire pendant 15 minutes.

Mettez un glaçage aromatisé de zestes de citron râpés et laissez sécher.

8 Which of the ingredients do you recognise? Try to work out the rest before using a dictionary.

9 Find the French for these instructions: boil, leave to cool, mix together, add, flavour, knead, roll into a ball, leave it to rest, pre-heat, roll into a sausage, shape, cook, glaze, leave to dry.

10 Work out any other key words that you need in order to understand the recipe. Try it out!

Contrôle: Écoute et parle

1 Où est-ce qu'il/elle a mal? Écoute et écris les numéros 1–8 dans les cases.

Nom: _____

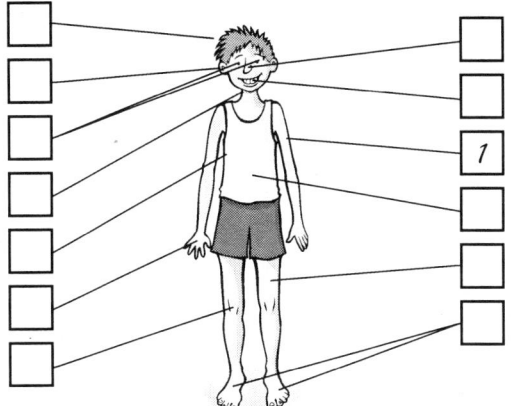

7 marks

2 Regarde les 5 autres cases. Qu'est-ce qui ne va pas?

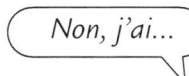

Ça va?   Non, j'ai...

_____
_____
_____
_____
_____

5 marks

3 Qu'est-ce qu'ils font pour être en forme? Complète la grille.

1	2	3	4	5	6	7	8
c							

  a    b    c    d

 e    f    g   h

7 marks

4 Regarde les images et dis ce qu'il (ne) faut (pas) faire pour être en forme. Fais 6 phrases.

6 marks

en plus

Contrôle: Lis et écris

❶ C'est quelle image?

1	2	3	4	5	6
c					

Nom: _____

1 *Oh, là, là! J'ai mal à la tête et j'ai de la fièvre.*

2 *J'ai un rhume et j'ai mal aux yeux.*

3 *Oh, ça va mal … j'ai envie de vomir.*

4 *J'ai soif tout le temps. Ça ne va pas.*

5 *J'ai mal à la gorge et je tousse … ça va mal.*

6 *J'ai mal aux pieds.*

a  **b**  **c**

d  **e**  **f**

5 marks

❷ Écris les conseils du pharmacien.

a boire *Buvez de l'eau minérale.*

b mettre  _____ cette _____

c prendre  _____ ces _____

d prendre  _____ ces _____

e aller  _____ au _____

f prendre  _____ ce _____

5 marks

❸ Complète le mail de Thomas avec les mots de la case.

La semaine dernière, j'ai ____*mangé*____ trop de biscuits et de _____ et j'ai _____ beaucoup de coca. Je n'ai pas fait de _____ et je suis allé au collège en _____. J'ai regardé la télé trois _____ par jour. C'était très _____ pour la forme! Alors, cette _____, je suis allé au collège tous les _____ à _____ et j'ai déjà fait _____ heures de foot. Je _____ plus de fruits et de _____ et je bois beaucoup d'eau _____. Ça _____ mieux maintenant.

bonbons	bu	deux	heures	jours
	légumes	mange	~~mangé~~	
mauvais	minérale	semaine	sport	
	va	vélo	voiture	

7 marks

❹ À toi. Qu'est-ce que tu as fait pour ta santé? Écris un mail.

8 marks

échange ②
en plus

Contrôle: Unités 1–2

1 Qu'est-ce qu'ils achètent? Écris les numéros 1–8 dans les bonnes cases.

☐   ☐ 1

☐   ☐

☐   ☐

☐   ☐

7 marks

2 Qu'est-ce que tu dis à la pharmacie? Parle au pharmacien.

Exemple: **a** J'ai mal à la tête.
　　　　　 Je voudrais des…

Tu as?　　　　　Tu voudrais?

a

b

c

5 marks

3 Complète le texte avec les mots de la case.

Amélie a les ___*cheveux*___ longs et _____ et elle est un peu plus

Nom: _____

_____ que moi, mais elle est _____ paresseuse et elle est _____ sportive que moi. Normalement, je _____ beaucoup de sport, mais cette semaine, je _____ fait de basketball parce que j'ai mal au _____. J'ai acheté des _____ à la pharmacie et ça va mieux maintenant.

| assez | ~~cheveux~~ | comprimés | dos |
| fais | grande | moins | n'ai pas | noirs |

8 marks

4 Écris des phrases à la forme négative.

a + (porter)
Je n'ai pas porté mon pull.

b il / beaucoup d' + (boire)
_____

c nous + (jouer)
_____

d elles / trop + (regarder)
_____

e vous + (manger)
_____

f je / de + (acheter)
_____

5 marks

échange 2 en plus

Vocabulaire

Nom: _____

Le corps	Parts of the body
la tête	head
le cou	neck
la gorge	throat
l'œil (les yeux) (m)	eye(s)
l'oreille (les oreilles) (f)	ear(s)
le nez	nose
la bouche	mouth
la dent (les dents)	tooth (teeth)
le bras (les bras)	arm(s)
la main (les mains)	hand(s)
le doigt (les doigts)	finger(s)
l'épaule (les épaules) (f)	shoulder(s)
la jambe (les jambes)	leg(s)
le genou (les genoux)	knee(s)
le pied (les pieds)	foot (feet)
les doigts de pied	toes
le dos	back
le ventre	stomach

La santé — *Health*

Ça va?	How are you?
Ça va mal.	I'm not well.
Ça ne va pas.	I'm not ok.
Qu'est-ce qui ne va pas?	What is the matter?
J'ai...	I have...
mal au bras	a sore arm
mal à la tête	a headache
mal à l'oreille	earache
mal aux jambes	sore legs
J'ai froid/chaud.	I'm cold/hot.
J'ai un rhume/de la fièvre/la grippe.	I've got a cold/a temperature/flu.
J'ai envie de vomir.	I feel sick.
Je suis en forme.	I am fit.
C'est bon/mauvais pour la santé/forme.	It's good/bad for your health/fitness.

Le conseil — *Advice*

Prends/Prenez...	Take...
ces aspirines	these aspirins
ces comprimés	these tablets
ce sirop	this cough mixture

ces pastilles	these throat sweets
Reste/Restez au lit.	Stay in bed.
Reste/Restez au chaud.	Keep warm.
Va/Allez à la pharmacie.	Go to the chemist's.
Va/Allez chez le dentiste.	Go to the dentist's.
Bois/Buvez de l'eau.	Drink some water.
Il faut boire de l'eau.	You must drink water.
Il ne faut pas manger trop de chips.	You must not eat too many crisps.
Tu dois aller au collège à pied.	You must walk to school.
Vous ne devez pas fumer.	You must not smoke.

À la pharmacie — *At the chemist's*

Vous désirez?	What do you want?
Je voudrais un médicament/quelque chose pour...	I would like some medecine/something for...
le rhume/la toux/la fièvre	a cold/a cough/a temperature
le mal de tête	a headache
Je tousse/Je vomis...	I am coughing/being sick...
tout le temps/ quelquefois/pendant la nuit	all the time/sometimes/ during the night
avant/après les repas	before/after meals
Mets/Mettez cette crème...	Put this cream on...
deux fois par jour/(le) matin et (le) soir	twice a day/in the morning and the evening

Les quantités — *Quantities*

90 pourcent (90%)	90 per cent
la plupart (de)	most (of)
trop (de)	too much/too many
($\frac{1}{2}$) la moitié	half
($\frac{1}{3}$) un tiers	a third
($\frac{1}{4}$) un quart	a quarter
($\frac{3}{4}$) trois quarts	three quarters

Je sais...

Nom: _____

I know how to...

	Me	My partner
• name parts of the body: *le dos, le bras, la jambe, les dents*	☐	☐
• say what part of the body hurts: *j'ai mal au ventre; j'ai mal à la tête; j'ai mal aux oreilles*	☐	☐
• recognise and make the 'o' sound: *Pau, hôtel, manteau*	☐	☐
• give and understand advice using the imperative: **Va/Allez** *chez le docteur;* **Bois/Buvez** *de l'eau;* **Prends/Prenez** *ces comprimés*	☐	☐
• say what's wrong with me: *j'ai un rhume/de la fièvre/la grippe*	☐	☐
• ask for something at the chemist's: *Je voudrais quelque chose pour la toux; Vous avez quelque chose pour la grippe?*	☐	☐
• use *il faut* and *il ne faut pas* to say what you must and must not do: *il faut manger des fruits; il ne faut pas fumer*	☐	☐
• understand and use the verb *devoir* (to have to): *tu dois boire de l'eau; vous ne devez pas manger trop de chocolat*	☐	☐
• talk about healthy living	☐	☐
• pronounce -ez, -er and -é: *mang**ez**, mang**er**, mang**é***	☐	☐
• use the perfect tense with *avoir*: *j'ai mangé beaucoup de fruit; je n'ai pas mangé de frites*	☐	☐
• talk about quantities using *la moitié, un tiers, un quart, trois quarts*	☐	☐

échange ②
en plus

Starters/Plenaries 1

Nom: _____

1 TV Quiz à deux.
À tour de rôle, donnez un exemple pour chaque genre d'émission. Vous avez 5 minutes.
Attention! Vous marquez 1 point pour chaque émission anglaise/anglophone et 2 points pour chaque émission française/francophone.

		émission anglaise/anglophone (1 point)	émission française/francophone (2 points)
a	les informations	*BBC news*	*Informations du soir*
b	un feuilleton		
c	un documentaire		
d	un jeu télévisé		
e	une émission sportive		
f	une série		
g	une émission musicale		
h	un film		
i	une émission de télé-réalité		

2 Cherche l'intrus. Donne tes raisons (en français ou en anglais).
1 **a** Urgences **b** Star Academy **c** France 2 **d** la météo
2 **a** Arte **b** Canal + **c** MTV live **d** M6
3 **a** publicité **b** météo **c** série **d** documentaire
4 **a** informations **b** film **c** jeu télévisé **d** série

3 À deux. Regardez les dessins des émissions de télé, retrouvez les adjectifs et faites des dialogues.

Exemple:
A: Tu veux regarder la télé?
B: Qu'est-ce qui passe?
A: Une série... 'Friends'
B: Quoi?! Je déteste ça! C'est nul!
A: D'accord, alors 'Qui veut gagner des millions?'
B: ...

lun = <u>nul</u>

pruse = _____

angéli = _____

tramran = _____

exyeunun = _____

Starters/Plenaries 2

1 Déchiffre les types de film et relie-les aux dessins.

Nom: _____

1 nu milf ed rugere = _un film de guerre_

2 nu limf iclopier = _____

3 nu nessid manié = _____

4 nu flim rohd'eurr = _____

5 strewnune = _____

a  b  c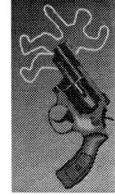

d  e

2 À deux. Jouez au 'Ping-Pong du cinéma'.
Exemple:
A: Un film de science-fiction.
B: 'La Guerre des Étoiles'. Un film d'horreur...
A: ...

3 À deux. Remettez le dialogue dans l'ordre, puis jouez la scène. Écrivez les bonnes lettres.
Exemple, d, ...
a – D'accord, tu veux voir 'Scary Movie'?
b – Oui, qu'est-ce qu'on passe, un film policier?
c – Une comédie? D'accord. À plus tard.
d – Tu veux aller au cinéma ce soir?
e – Mais non! Je t'ai dit que je n'aime pas les films d'horreur!
f – Non, un film d'horreur.
g – Mais, ce n'est pas un film d'horreur, c'est une comédie!
h – Je ne sais pas, je n'aime pas les films d'horreur.

échange ②
en plus

Focus grammaire 1

Focus sur... adverbs of time/frequency

Nom: _____

1 Classe les adverbes ou les expressions de temps et traduis en anglais.

> Add interest and authenticity to your French with information about frequency/time spent on activities, using **adverbs** or **expressions of time**.

All the time	Frequently	Occasionally	Infrequently	Never
tout le temps	souvent	_____	_____	_____
(*all the time*)	(*often*)	(_____	(_____)	(_____)
_____	_____	_____)		
(_____)	_____	_____		
	(_____	(_____)		
	_____)			
	_____			
	(_____)			
	_____			
	(_____)			

> souvent
> tout le temps
> de temps en temps
> tous les jours
> ne... jamais
> fréquemment
> quelquefois
> 2 ou 3 heures par jour
> 4 ou 5 fois par semaine
> rarement

2 Souligne les verbes et encercle les adverbes.
   Exemple: **a** Je regarde la télé (tous les jours).
   b Il joue souvent sur son PC.
   c Tu vas rarement au cinéma?
   d On achète des DVD de temps en temps.
   e Elle ne regarde jamais la télé.
   f Je joue sur mon PC tout le temps, quatre ou cinq heures par jour, mais je regarde rarement des DVD ou des vidéos.

> Just as adjectives add information to nouns and usually follow them, **adverbs and expressions of time/frequency** add information to <u>verbs</u>, and generally come soon after them.

3 Ajoute un adverbe pour compléter ces phrases. Sois logique!
   a Mon grand-père va _____ en ville, une ou deux fois par an.
   b Je regarde _____ des DVD à la maison, quatre ou cinq fois par semaine.
   c Mélanie joue _____ sur son PC deux ou trois fois par semaine.
   d Mais tu _____ vas _____ au cinéma, tu détestes ça!
   e Ils regardent des DVD _____ , ils adorent ça!

échange ②
en plus

Focus grammaire 2

Focus sur... modal verbs

Nom: _____

The 3 irregular verbs *vouloir* (to want to), *pouvoir* (to be able to), and *devoir* (to have to) are commonly known as 'modal verbs'. What do they obviously have in common?

1 Underline the modal verbs in this dialogue, then highlight the words that follow each of them.

– *Tu veux regarder le film?*
– *Oui, je veux regarder le film, mais je ne peux pas le regarder maintenant, parce que je dois faire mes devoirs.*

2 Complète la phrase en anglais.

Modal verbs are followed by _____.

Although modals are irregular, they follow a pattern of their own: the *nous* and *vous* forms retain the first part (or 'root') of the infinitive, while the other forms change slightly. Prove it by completing the table:

infinitive	*nous/vous* forms	*je/tu/il/elle/on* forms	*ils/elles* forms
vouloir	voulons/_____ez	veux/veux/veut/veut/veut	veulent, veulent
pouvoir	___ons/pouv___	peux/___/___/___/___	peuvent/_____
devoir	_____/_____	___/dois/doit/___/___	_____/doivent

3 What other verbs use the same construction? How would you say: 'I like/love/hate going to the cinema'?

4 Complète les phrases avec la bonne partie du verbe.

a – Tu [vouloir] _____ sortir ce soir?
– Oui, je [vouloir] _____ bien, mais je [devoir] _____ faire du baby-sitting.
b Ils ne [pouvoir] _____ pas aller au concert, parce qu'ils [devoir] _____ retourner à Paris.
c – Vous ne [pouvoir] _____ pas jouer, ou vous ne [vouloir] _____ pas jouer?
– Non, on ne [pouvoir] _____ pas jouer.

échange ②
en plus

Stratégie 1

Question forms

Nom: _____

Any statement becomes a question if
you use the right intonation, raising
your voice slightly at the end.

1 Lis chaque phrase à haute voix, puis
écoute et vérifie.

1 **a** Il adore jouer sur son PC.
  b Il adore jouer sur son PC?
2 **a** Tu préfères aller au cinéma.
  b Tu préfères aller au cinéma?
3 **a** Elle déteste regarder des DVD?
  b Elle déteste regarder des DVD.

By simply prefixing a statement with
'*Est-ce que...*', you turn it into a
question.
Remember, *que* becomes *qu'* when it is
followed by a vowel.

2 Écris et lis les questions à haute voix,
puis, écoute et vérifie.

a Tu aimes jouer sur l'ordinateur =

  _____

  _____?

b On va en ville =

  _____

  _____?

c Je peux jouer sur mon PC =

  _____

  _____?

Work out the meaning of these key
question words: *qui? quand? que/quoi?
comment? où? pourquoi?*
Quand **est-ce que** *tu joues sur ton PC?*
*Qu'***est-ce qu'***elle dit?*
Comment **est-ce que** *tu préfères jouer?*
Où **est-ce qu'***elle va?*
Alternatively, just use normal word
order and end with the question word:
Tu joues sur ton PC **quand**? *Elle dit* **quoi**?
Tu préfères jouer **comment**? *Elle va* **où**?

3 Formule chaque question.

1 Elle + ♡♡ +  =

  a Elle adore jouer sur son PC?
  b Est-ce qu'elle adore jouer sur son
    PC ?

2 Tu + (crossed hearts) + ➜ + (cinéma)

  a _____?

  b _____

  _____?

3 Qui + (crossed heart) + (monitor)

  a _____?

4 Quand + tu + (DVD)

  a _____?

  b _____

  _____?

*é*change **2**
en plus

Stratégie 2

Unscripted speech

Nom: _____

On subjects such as TV programmes and going to the cinema, you can easily ask or answer simple, factual questions from memory. Focus on the question forms:

Questions	Réponses
– *Qu'est-ce qu'on passe à la télé/au cinéma ce soir?*	– *Euh... 'Star Academy'/'Shrek'.*
– *C'est quoi comme émission/film?*	– *C'est une émission de télé-réalité/un dessin animé.*
– *À quelle heure?*	– *À 8 heures et demie/20h30.*
– *C'est comment?*	– *C'est débile/marrant/ennuyeux.*

When it comes to opinions, extend your speech by adding familiar verbs of opinion and '*parce que...*'.
– *Comment tu trouves...?*   – *J'adore ça, parce que c'est marrant.*

Using '*pourquoi?*' + present tense when talking about past, present or future events

You can often answer questions containing '*pourquoi?*' with present tense opinions, even if the question refers to the past or the future.

Présent:
– *Pourquoi tu regardes 'MTV live'?*
– *Parce que j'adore les émissions de musique.*

Passé composé:
– *Qu'est-ce que tu as regardé à la télé hier soir?*
– *'Qui veut gagner des millions?'*
– *Quoi?! Pourquoi tu as regardé ça?*
– *Parce que c'est marrant!*

Futur:
– *Tu ne vas pas aller au cinéma samedi? Pourquoi?*
– *Parce que je déteste les films de SF et les films de guerre.*

1 Complète le dialogue avec tes réponses personnelles.
A: Qu'est-ce qu'on a passé à la télé hier soir?
B: _____
A: Pourquoi tu as regardé ça?
B: _____
A: Et ce soir, qu'est-ce que tu vas regarder?
B: _____
A: Quoi?! Pourquoi ?
B: _____
A: Tu es allé(e) au cinéma ce week-end?
B: _____
A: Pourquoi?
B: _____

Accent français

'au'/'o' and 'eu' sound/letter links

Nom: _____

> The letters 'au' and 'o' often produce the same sound.

1 Prononce, écoute et vérifie.

au	Bordeaux
animaux	rigolo
Théo	Gaumont
météo	aussi
faut	beaucoup
eau	numéro
trop	Pau
zoo	beau

2 À deux. Jouez la scène, puis écoutez et comparez.

– Il y a un cinéma Gaumont à Pau, Théo?
– Non, Margaux, à Bordeaux, au bord de l'eau.
– Au bord de l'eau? Ah, c'est trop beau!
– ... et c'est rigolo, il y a aussi un zoo avec beaucoup d'animaux à...
– ... à Bordeaux?
– Non, à Pau...

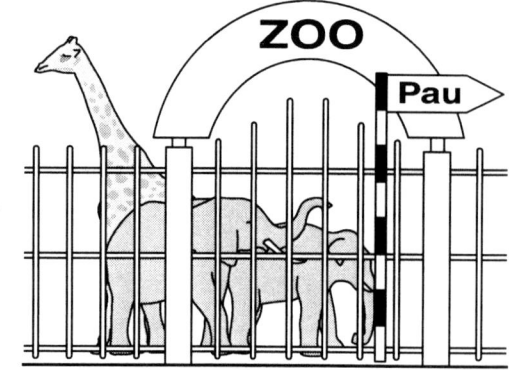

3 Prononce, puis écoute et vérifie.

bleu	horreur
peu	ennuyeux
heures	curieux
Mathieu	fleur
peut	veux

> The letters 'eu' produce the sound you can hear in words like *deux* and *jeu*.

4 À deux. Lisez les bulles, puis écoutez et comparez.

A: Tu ne veux pas les deux fleurs bleues?

B: Non merci, Mathieu. J'ai horreur des fleurs bleues.

A: Tu as horreur des fleurs bleues?! C'est curieux!

B: Oui, un peu.

Écoute et parle 1

1 Regarde les écrans a–j, écoute et écris les chiffres 1–10 dans le bon ordre.

Nom: _____

a ☐ b 1 c ☐ d 2 e ☐

f ☐ g ☐ h ☐ i ☐ j ☐

2 Écoute les dialogues et complète les détails.

Titre	Type d'émission	Chaîne	Opinion
1 *Enfants en danger*	documentaire	France 5	ennuyeux
2			
3			
4 *Le maillon faible*			
5 *Championnat* _____			

EN **PLUS**

3 À deux. Partenaire A est correspondant(e) français(e) en Angleterre, et Partenaire B est britannique. Faites un dialogue sur la télé.

A: Qu'est-ce qui passe à la télé ce soir?
B: 'EastEnders'.
A: C'est quoi comme émission?
B: C'est un feuilleton. C'est génial!
A: Bof, non, je n'aime pas ça.
B: Alors... 'The weakest link'?

échange ②
en plus

Écoute et parle 2

Partenaire A

1 À deux. Faites un dialogue sur le cinéma et les films. Servez-vous de la légende. Attention! Il faut choisir les titres des films.

A: On →  ce soir?

B: _____

A: [titre]

B: _____

A: Alors, _____

_____[titre]

B: _____

A: À 20h15.

 ... au cinéma

✓ d'accord

 ?? Qu'est-ce qu'on passe/ C'est quoi comme film?

[titre] (choisis le titre d'un film!)

☹ Non, je n'aime pas.../je déteste...

☺ D'accord, j'aime.../Oui, j'adore...

🕐 À quelle heure?

EN PLUS

2 Faites un autre dialogue. Proposez 2 titres/types de film. Donnez une réponse et une raison à chaque fois. Bonne soirée!

Partenaire B

1 À deux. Faites un dialogue sur le cinéma et les films. Servez-vous de la légende. Attention! Il faut choisir les titres des films.

A: _____?

B: ✓  ??

A: _____

B: ☹

A: _____

B: ☺ 🕐 ??

A: _____

 ... au cinéma

✓ d'accord

 ?? Qu'est-ce qu'on passe/ C'est quoi comme film?

[titre] (choisis le titre d'un film!)

☹ Non, je n'aime pas.../je déteste...

☺ D'accord, j'aime.../Oui, j'adore...

🕐 À quelle heure?

EN PLUS

2 Faites un autre dialogue. Proposez 2 titres/types de film. Donnez une réponse et une raison à chaque fois. Bonne soirée!

 **échange ②** en plus

Écoute et parle 3

1 Pourquoi est-ce qu'ils disent 'non'?
Écoute et relie l'invitation et l'excuse.
Exemple: 1 – e,...

Nom: _____

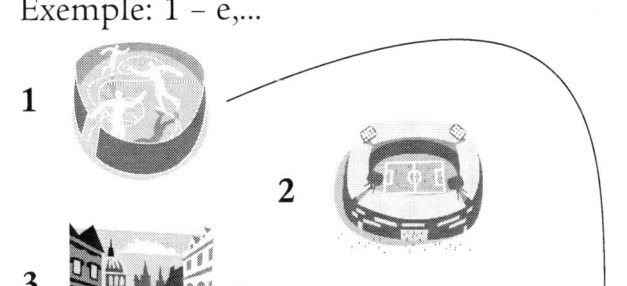

1

2

3

4

5

a

b

c

d

e

2 Oui ou non? Écoute et complète les détails dans la grille.

	Invitation	*Réponse*	*Détails*
1a	piscine	✗	baby-sitting
b	concert	✓	RV: centre-ville, 19h30
2a			
b			
3a			
b			

EN PLUS

3 À deux. Organisez des sorties.
Attention! Partenaire B doit dire
'Non, ... je ne peux pas' et donner ses
raisons au moins 2 fois.

A: Tu veux faire du judo ce soir?
B: J'aimerais bien, mais je ne peux pas.
A: Pourquoi?
B: Parce que je dois promener le chien.
A: Alors, on peut...?

échange ②
en plus

Lis et écris 1

1 Relie les titres et les écrans, puis écris le type d'émission.

Nom: _____

1 'Roland-Garros, Championnat de tennis'
2 'Planète menacée'
3 'L'île du Paradis'
4 'Le maillon faible'
5 'Journal'

a _____

b _____

c _____

d *une émission sportive*

e _____

2 Lis les textes et complète les phrases.

TCHAT

Forum: Comment tu trouves la télé?

Zoé, 15 ans, Metz
'Zone Rouge', 'Questions pour un champion', 'Le maillon faible', je les déteste tous. Non, ce ne sont pas lá des émissions intelligentes, ce sont plutôt des émissions idiotes. Franchement, je trouve 'South Park' beaucoup plus amusant, intéressant et intelligent comme émission, et en plus c'est trés marrant.

Audrey, 14 ans, Pau
Je suis fana de 'Sept dans la maison'. Je trouve que les acteurs sont géniaux. J'espére qu'on va faire passer 'Sept dans la maison' 4 ou 5 fois par semaine, comme on fait en Angleterre avec 'EastEnders'.

Ben, 14 ans, Rennes
Je regarde la télé en moyenne 3 heures par jour, et mes émissions préférées sont d'origine américaine: 'Dawson', 'Hartley' et 'Urgences'. Il y a de tout dans ces émissions: de l'humour, du suspense, de l'armour et de la tragédie. J'adore ça, moi.

Clément, 15 ans, Nice
Ça m'énerve! Tous les jours sur toutes les chaînes (á part Arte, bien sûr, que je n'apprécie pas non plus!), on voit des matchs de foot ou de rugby, des championnats de tennis, de golf et d'athlétisme et même des concours de volley ... sur la plage! Que c'est ennuyeux, tout ça! Sinon, on est obligé de regarder des centaines d'émissions importées des États-Unis. Je crois que je vais arrêter de regarder la télé!

a Zoé déteste les _____ .

b Elle préfère regarder un _____, intitulé _____ .

c Audrey préfère les _____ .

d Ben adore les _____, parce qu'il en apprécie l'humour, _____, _____ et _____ .

e Clément n'aime pas du tout les _____, et il déteste les _____ américaines.

échange ②
en plus

1 Identifie les types de film, puis classe-les dans l'ordre de tes préférences en complétant la phrase 'Je préfère...'.

Nom: _____

un western

_____ _____ _____

_____ _____

Je préfère d'abord les _____,
puis _____
et _____

_____ _____

_____ _____

2 Lis le mail d'Alima à Sarah et coche les 3 phrases vraies.

a Alima déteste toutes les émissions de télé.
b Elle n'a pas apprécié les émissions de télé de vendredi soir.
c Elle a trouvé les feuilletons ennuyeux.
d Elle est allée au cinéma samedi soir avec ses parents.
e Elle aime bien les comédies.
f Le film était nul.
g Elle a beaucoup apprécié les acteurs.
h Elle ne regarde jamais les séries américaines à la télé.

EN **PLUS**

Coucou! C'est encore moi!
J'en ai marre* de la télé! Pas toi? Vendredi soir, je ne suis pas sortie, alors j'ai regardé la télé avec mes parents. Quelle horreur! Des jeux télévisés idiots, des émissions sportives, les infos, la météo toutes les 20 minutes. C'est vraiment nul, tout ça!
Heureusement, on a le cinéma. Samedi soir, je suis allée voir une comédie française au Multiplexe, intitulée 'Ça t'amuse?'. C'était très marrant, et les comédiens étaient géniaux!
Et toi? Tu préfères quels films? Tu vas souvent au ciné? Tu y es allée quand la dernière fois? Oh, il est 19h15. Je vais rater** 'Dawson'! Tu aimes ça, toi?
A+
Alima

* I'm fed up   ** to miss

3 À toi. Réponds au mail d'Alima. Parle de la télé et du cinéma et donne tes opinions.

en plus

Lis et écris 3

1 Regarde les 3 SMS, puis écris les textes en entier.

Nom: _____

a

.ılll △))॑ॣ

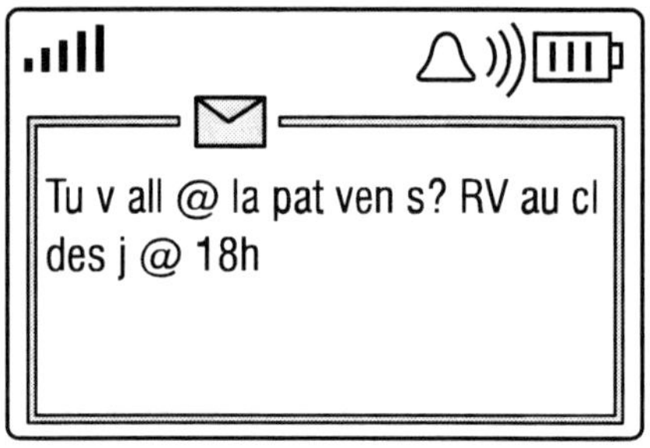

Tu v all @ la pat ven s? RV au cl
des j @ 18h

☐

b

.ılll △))॑ॣ

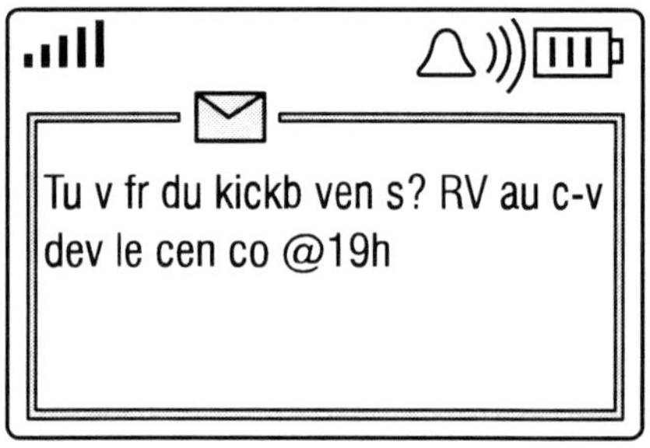

Tu v fr du kickb ven s? RV au c-v
dev le cen co @19h

☐

c

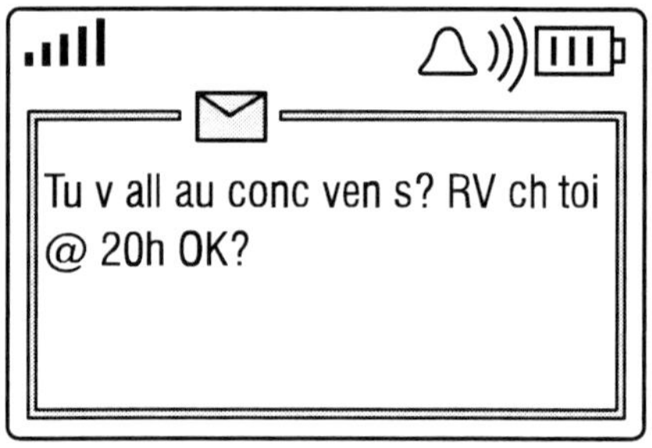

.ılll △))॑ॣ

Tu v all au conc ven s? RV ch toi
@ 20h OK?

☐

Tu veux aller
_____
_____
_____

_____
_____
_____

_____
_____
_____

2 Lis la description et identifie le portable de Kevin. Coche la bonne case (a, b ou c) ci-dessus.

☐ ☐☐

...C'était bien. Je suis allée au centre sportif avec Kevin. On s'est retrouvés au centre commercial à sept heures. J'adore ce sport. C'est génial!

EN PLUS

À toi. Avant et après. Imagine que tu as reçu les 2 autres SMS.

3a Avant: écris un SMS pour refuser une des deux invitations.

Exemple: Dés je ne p pas all

_____

_____

3b Après: écris un paragraphe sur vendredi soir.

Exemple: C'était _____

Je suis _____

échange 2
en plus

Projet d'informatique 1

Le Festival international du film de Cannes

Nom: _____

- Dans les annees 1930 Benito Mussolini a créé **la Mostre de Venise** un festival italien pour faire de la propagande fasciste.

- En réaction à ce festival politique on a créé **le Festival international du film de Cannes** en 1938.

- À cause de la 2ème Guerre mondiale (1939–1945) on a fait le premier festival de Cannes en 1946.

- En 1997 Ingmar Bergman a reçu la palme des palmes pour l'ensemble de ses films.

- Aujourd'hui, le festival est un événement professionnel et commercial, qui attire beaucoup de stars internationales.

Voici quelques films qui ont reçu la palme d'or*: ** gold award*

Les 400 cents coups
(François Truffaut, 1959)

Un homme et une femme
(Claude Lelouch, 1966)

Taxi Driver
(Martin Scorsese, 1976)

Apocalypse Now
(Francis Ford Coppola, 1979)

Kagemusha
(Akira Kurosawa, 1980)

Secrets et Mensonges
(Mike Leigh, 1996)

1 Vrai ou faux?

   a Mussolini's Venice film festival was used to promote fascism.
   b The Cannes film festival aimed to build on this propaganda.
   c The Second World War did not delay the start of the first Cannes Film festival.
   d In the past 50–60 years, the festival has honoured famous directors from all over the world, including the USA, Japan, Great Britain, France and Sweden.
   e Ingmar Bergman received a lifetime achievement award on the festival's 50th anniversary.
   f Nowadays, the Cannes festival has a reputation for showing only highly controversial, political films.

Projets en ligne

2a Quel film a reçu la dernière** palme d'or? (*** most recent*)

2b Comment s'appelle le réalisateur de ce film?

2c Trouve quelques détails sur ce réalisateur et écris une petite biographie (nom, âge, nationalité, habite à..., films, etc.). Sers-toi de l'Internet.

3 Choisis un autre réalisateur (Mike Leigh, Ingmar Bergman, François Truffaut, Michael Moore etc.) et écris une petite biographie. Sers-toi encore de l'Internet.

échange ②
en plus

Projet d'informatique 2

Cartoons and comic strips

Nom: _____

For a long time, the French have been noted for their love of animated films and cartoon strips.

In 1960, the category *'films d'animation'* (which we know as *'dessins animés'*) was transferred from the Cannes film festival to Annecy, and in 1984 it became the *Centre international du cinéma d'animation (Cica)*.
In 2002, the centre introduced a category entitled *'Films pour l'Internet'*

1 Find out as much as you can about the Annecy film festival on-line.

BDs (or *'bandes dessinées'*) are even more popular in France than animated films. Not only do these BDs deal with funny characters in cartoon stories, there are thousands of publications each year in cartoon strip form, dealing with subjects as varied as history, science and philosophy. In 1990, the *Centre national de la bande dessinée et de l'image (CNBDI)* was set up in Angoulême, and the following year saw the opening of the *Musée de la bande dessinée*.

2a Read the BD artist's explanation of the appeal of cartoon strips.

J'adore présenter mes idées sous forme de BD. C'est plus familier, plus amusant et plus facile à lire. Moi aussi, je suis fana d'Astérix, de Tintin et de Lucky Luke, mais le format BD n'est pas réservé aux personnages fictifs ou inventés. L'histoire, par exemple. Pourquoi lire une longue liste ennuyeuse de dates et d'événements quand on peut suivre l'histoire en images*? Une BD fait revivre l'histoire... et les sciences, la philosophie, le sport, tout quoi!

* *when you can follow history in picture form*

2b List the reasons why this artist loves to use *'bandes dessinées'* as a vehicle for his ideas.

3 Find out about the 3 famous cartoon characters listed in the artist's text.

- Who are they and what are they famous for?
- Who are their creators and where do they come from?
- Have they remained *'bandes dessinées'* characters or have they evolved into stars of their own *'dessins animés'*?
- Visit their websites and write mini-biographies for each of them.

Contrôle: Écoute et parle

1 Écoute ces sept personnes. C'est quelle émission?

1	2	3	4	5	6	7
c						

Nom: _____

3 Écoute et remplis la grille avec les bons numéros et l'heure.

	On va où?	On se retrouve où?	À quelle heure?
a	3	7	5:15
b			
c			
d			

a

b

c

d

e

f

g

h

i

j

1

2

3

4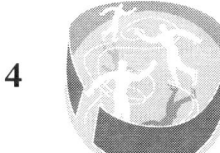

5

6

7

8

6 marks

9 marks

2 À toi. Tu passes combien de temps devant la télé? Tu préfères quelles émissions? Parle à ton/ta partenaire.

5 marks

4 À deux. Invite ton/ta partenaire et donne les détails du rendez-vous. Ensuite, changez de rôle.

5 marks

échange ② en plus

Contrôle: Lis et écris

1 C'est quel genre de film? Complète les phrases.

Nom: _____

a C'est un *film de guerre*.
Je n'aime pas ça!

b Mon film préféré est
un _____
_____.

c Ce soir, je vais
regarder un _____
_____.

d C'est un _____
d'_____.
C'est débile!

e Génial! C'est un
_____ d'_____.

f Nous regardons un
___ __ _____-
_____.

5 marks

2 Complète les phrases.

– Tu regardes souvent l a *t é l é*?
– Oui, t _ _ _ les j _ _ _ _, trois heures _ _ _ jour. Et toi, tu j _ _ _ _ souvent sur ton PC?
– Non, r _ _ _ _ _ _ _. Mais je regarde des DVD de t _ _ _ _ _ _ t _ _ _ _.

7 marks

3 Complète le dialogue. Sers-toi des images et des mots dans la case.

– Tu veux (1) _____
samedi?
– Non, _____ , je ne peux pas.
– Pourquoi?
– Je dois (2) _____ ,
mais je peux _____ au basket
dimanche.
– Mais moi, je ne _____ pas – je dois
(3) _____ .
– Tant pis!

1

2

3

| peux |
| jouer |
| désolée |

5 marks

4 Écris un mail et réponds aux questions.

Qu'est-ce que tu as fait le week-end dernier?
C'était comment?
Qu'est-ce que tu veux faire ce week-end?
Pourquoi tu ne peux pas?

8 marks

échange **2**
en plus

Vocabulaire

Loisirs
J'aime/J'adore/Je
  préfère/Je déteste...
regarder la télé/
  des DVD
jouer sur mon PC/
  mon ordinateur
aller au cinéma
souvent
tous les jours
quatre ou cinq fois par
  semaine
une ou deux heures par
  jour
de temps en temps

rarement
ne... jamais
Tu joues souvent sur
  ton PC?
Oui, je joue 1 ou 2
  heures par jour sur
  mon PC.
Non, je joue rarement
  sur mon PC.
Non, je ne joue jamais
  sur mon PC.

À la télé
un dessin animé
un documentaire
un film d'amour/de
  guerre/d'horreur/
  de science-fiction/
  policier
un western
une comédie
un feuilleton
un jeu télévisé
une émission musicale
une émission sportive
une émission de télé-
  réalité

Leisure time
*I like/I love/I prefer/
  I hate...*
*watching TV/
  DVDs*
*playing on my PC/ my
  computer*
going to the cinema
often
every day
four or five times a week

one or two hours a day

*from time to time,
  sometimes*
rarely, hardly ever
never
*Do you often play on your
  PC?*
*Yes, I play 1 or 2 hours a
  day on my PC.*

No, I rarely play on my PC.

No, I never play on my PC.

On the television
a cartoon
a documentary
*a love film/war film/
  horror film/
  science-fiction film/
  thriller*
a western
a comedy film
a soap opera
a game show
a music programme
a sports programme
a reality TV show

une série
une publicité
la météo
les informations/
  le journal
Qu'est-ce qui passe sur
  TF1/BBC1?
C'est quoi comme
  émission?
Génial/Super!
  J'adore ça!
Oh, non!/Quoi?! Je
  déteste ça!
C'est... débile/
  nul/(très) ennuyeux/
  (assez) marrant/
  génial/la télé-
  poubelle

Tu veux sortir?
On se retrouve où?
au centre-ville
à la patinoire
devant le cinéma
derrière la cathédrale
dans le centre
  commercial
chez moi/toi
On se retrouve à quelle
  heure?
À une heure/trois heures
  et quart/huit heures
  moins le quart.
Désolé(e), je ne peux
  pas sortir.
Je dois faire mes
  devoirs/aller chez
  mon père/promener
  le chien.
Je suis allé(e) à la
  piscine/patinoire.
C'était génial/bien/
  pas mal/nul.

a series
an advert
the weather forecast
*the news/the news
  programme*
What's on TF1/BBC1?

*What sort of programme
  is it?*
*Brilliant/Super!
  I love that!*
*Oh, no!/What?!
  I hate that!*
*It's... stupid/useless/
  (very) boring/(quite)
  funny/brilliant/trash
  TV*

Do you want to go out?
Where shall we meet?
in the town centre
at the ice rink
in front of the cinema
behind the cathedral
in the shopping centre

at my/your house
What time shall we meet?

*At one o'clock/quarter
  past three/quarter to
  eight.*
Sorry, I can't go out.

*I have to do my
  homework/go to my
  dad's/take the dog for
  a walk.*

*I went to the swimming
  pool/ice rink.*
*It was great/good/
  not bad/rubbish.*

Je sais...

Nom: _____

I know how to...

	Me	**My partner**

- say what type of programme I watch on TV: *je regarde les jeux télévisés et les émissions de télé-réalité*
- say how often I do something: *je regarde la télé tous les jours/quatre ou cinq fois par semaine/rarement*
- say what programmes I like/dislike watching: *j'adore les documentaires, mais je déteste les séries américaines*
- use the verb *vouloir* to say what I want to do: *je veux regarder le film d'amour; je veux aller au cinéma*
- name different types of film: *une comédie, un film de guerre, un film d'horreur, un western*
- use the 24-hour clock: 19h30 = *dix-neuf heures trente*
- use the verb *vouloir* to ask others what they want to do: *Tu veux aller au cinéma? Qui veut regarder le feuilleton?*
- arrange to go out: *On se retrouve où? On se retrouve à quelle heure?*
- use and understand French telephone numbers
- understand and send text messages
- pronounce the sounds *au/o (Pau, trop)* and *eu (deux)*
- give reasons for not accepting an invitation: *désolé(e), je dois faire mes devoirs; je dois aller chez mes grands-parents*
- use the verb *devoir* to say what someone has to do: *elle doit promener le chien*
- use the verb *pouvoir* to say what someone is able to do: *Tu peux jouer au tennis avec moi?*
- say where I went and what my evening/weekend was like: *Je suis allé au match samedi après-midi. C'était super!*
- use intonation to turn statements into questions: *Tu préfères aller au cinéma – Tu veux aller au cinéma?*
- understand and use a variety of question types using the key words *Quel(le)...? Est-ce que...? Qu'est-ce que...?*

Starters/Plenaries 1

1 Remets les expressions dans l'ordre
(1 = le plus souvent).

Nom: _____

deux fois par mois	☐
tous les jours	1
une fois par semaine	☐
jamais	☐

le week-end	☐
une fois par an	☐
trois fois par semaine	☐
six fois par mois	☐

2 À deux. Posez des questions sur la musique et les sports
et répondez avec une des expressions de l'exercice 1.
Exemple:
A: Tu joues souvent du piano?
B: Oui, je joue du piano tous les jours.
    (Non, je **ne*** joue **jamais** du piano.)
    *Attention! **ne... jamais** (voir page 62)

3a Work out the approximate cost of items a–f at the following rate of exchange:
    1€ = 66p and £1 = 1,50€ (i.e. ratio of 2:3)

3b Find out the current exchange rate and write an accurate converted price in the brackets.

a £10.00 / _____€ (_____€)   **b** £_____ (£_____) / 20,99€   **c** £_____ (£_____) / 4,50€

Cinéma Gaumont
6€

PASTILLES

jeu vidéo

d £5.80 / _____€ (_____€)   **e** £_____ (£_____) / 0,99€   **f** £29.99 / _____€ (_____€)

Date: _____   Exchange rate: 1€ = £_____ / £1 = _____€

échange ②
en plus

Starters/Plenaries 2

1 Jette un dé et fais des phrases!

Nom: _____

Exemple:  Je m'habille à sept heures.

1 (Départ) ⏰?	**2** ⏰?	**3** ⏰?	**4** ⏰?	**5** ⏰?
10 ⏰?	**9** Souvent?	**8** ⏰?	**7** ⏰?	**6** ⏰?
11 Souvent?	**12** Souvent?	**13** Souvent?	**14** Souvent?	**15** Souvent?
20 Souvent?	**19** Souvent?	**18** Souvent?	**17** Souvent?	**16** ⏰?
21 Souvent?	**22** Souvent?	**23** Souvent?	**24** ⏰?	**25 (Arrivée)** ⏰?

échange **2** *en plus*

Focus grammaire 1

Focus sur... *jouer à/jouer de*

Nom: _____

- For playing sports and games, use **jouer à**.
- For playing musical instruments, use **jouer de**.
- Remember that *à + le* = **au**, *de + le* = **du**, *à + les* = **aux**, *de + les* = **des**

1 Regarde les images. Mets un cercle autour des instruments. Mets un carré autour des sports et jeux. Ensuite, colorie les mots masculins en bleu, les mots féminins en rouge et les mots pluriels en vert.

Exemple:

(f = rouge) (m = bleu)

2 Maintenant, complète les phrases avec une partie du verbe *jouer* et un instrument ou un jeu différent. (Attention! C'est au présent, au passé ou à l'infinitif?)

a Tous les jours, ma sœur _____ ____ _____ et _____ _____

b Le week-end, je _____ _____

c Hier soir, on _____ _____

d Mon copain n'aime pas _____ _____

e Quand il pleut, nous ne _____ _____

f La semaine dernière, _____ _____

g Vous _____?

échange ②
en plus

Focus sur... reflexive verbs

You now know at least eight reflexive verbs *(les verbes pronominaux)*, mostly connected with daily routine.

Nom: _____

1 In the dialogue below, underline the verbs and highlight the word immediately before each one.

> *Tu te lèves à quelle heure?*

> *Normalement, je me réveille à 6h15 et je me lève à 6h30. Mon père est paresseux – il se lève vers 7h30 et il s'habille tranquillement! Et tes parents?*

> *Mes parents et moi, nous nous levons tous à 6h30.*

> *Et vous vous couchez à quelle heure?*

> *Moi, je me couche vers dix heures, et mes parents se couchent vers minuit.*

2 Complète la phrase en anglais.

Reflexive verbs need a _____ before them to complete their meaning.

3 Complète la grille avec les pronoms et l'infinitif des huit verbes pronominaux, puis relie à la bonne image.

verbe à l'infinitif	sujet	pronom
amuser	je	me / m'
c_____	tu	___ / ___
d_____	il/elle	___ / ___
h_____	on	___ / ___
l_____	nous	_____
l_____	vous	_____
r_____	ils	___ / ___
r_____	elles	___ / ___

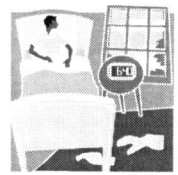

Stratégie 1

Deciding which tense to use

1 Adverbs are used as time markers. Draw a mind map of time phrases in French that are linked to the past, the present or the future. Think of as many as you can, then translate them into English.

Remember that some phrases might be linked to different times, depending on when you are speaking, e.g.

(time = 07.00) **This morning** he will go to the park.
(time = 10.30) **This morning** he is in the park.
(time = 13.00) **This morning** he went to the park.

hier
yesterday

(PAST)   (PRESENT)   (FUTURE)

ce matin
this morning

2 The different tenses have features that help you to identify them. Look at these sentences and decide which tense they are in. Highlight the parts that helped you to decide, then explain to a partner.

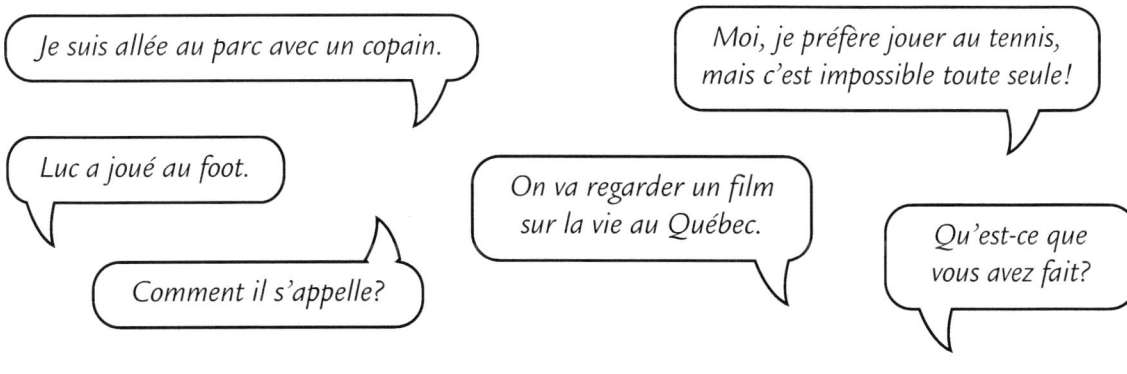

Je suis allée au parc avec un copain.

Moi, je préfère jouer au tennis, mais c'est impossible toute seule!

Luc a joué au foot.

On va regarder un film sur la vie au Québec.

Comment il s'appelle?

Qu'est-ce que vous avez fait?

échange ②
en plus

Stratégie 2

Words with different meanings in different contexts

> There are several words and phrases to do with time in this unit, but 'time' is not always translated by the same word.

1 Traduis en français avec 'fois', 'heure' ou 'temps'.

  a *What time is it?*
   Il est quelle _____?

  b *on time*
   à l'_____

  c *from time to time*
   de _____ en _____

  d *I've no time*
   je n'ai pas le _____

  e *half-time*
   la mi-_____

  f *every time*
   chaque _____

  g *three times*
   trois _____

  h *sometimes*
   quelque_____

> The words *fois*, *temps* and *heure* all feature in the above phrases, but they do not always translate as 'time'.

2 Traduis en anglais.

  a une **fois**

   _____

  b Quel **temps** fait-il?

   _____

  c Il est une **heure**.

   _____

  d J'ai attendu deux **heures**.

   _____

Slang – *argot*

You've now met some slang French words, but sometimes you want to translate a slang English word into French. Note these points:

- Recognise that it is a slang word and not the standard term.
- Realise that the expression might be regional and possibly not even understood by somebody from another part of the UK.
- Remember that dictionaries have a hard time keeping pace with slang, so the word you want will possibly not be in the dictionary, at least not with the meaning you intended.
- Don't expect there to be an equivalent French slang word.
- You might need several French words to explain one English slang word.
- If in doubt, use the standard expression – you are less likely to get it wrong or cause offence!

3 Answer the following questions.

  a How many different terms for 'sports shoes' does your class know? How would you say 'sports shoes' in French?

  b How many English meanings for 'banger' can you find? How do these translate into French?

  c Write down four common slang words or expressions (no rude ones!). How might you say them in French?

Accent français

The letter 'r'

Nom: _____

Young French children learn a lot through songs and rhymes. Practise the French 'r' sound with this traditional counting out game.

1 Écoute, lis et répète.

> Am stram gram
> Pic et pic et colégram
> Bourre et bourre et ratatam
> Am stram gram pic dam!

2 En groupes, jouez à 'Am stram gram'.
Use the chant to see which person the final word (*dam*) falls on. The person who is 'out' has to say something in French that they have learned in this unit. The others decide whether it was accurate enough for that person to stay in.

Pronouncing the French 'r' correctly will make your accent much better. When French people imitate an English accent, the 'r' sound is one of the main sounds they make fun of, so try to get it right and impress people!

3 Écoute, lis et répète.

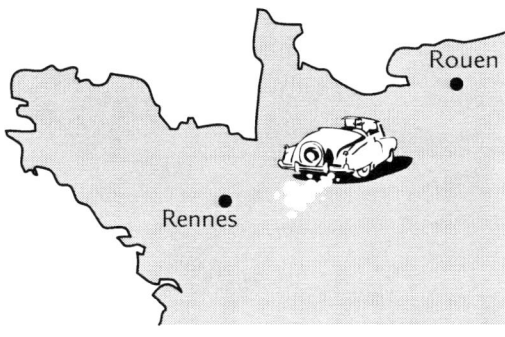

Robert reste rarement à Rouen. Il reprend rapidement la route de Rennes.

L'après-midi, Aurélie regarde le rugby et rit.

Au restaurant marocain, Richard recommande les crudités et le riz au romarin.

échange ②
en plus

Écoute et parle 1

1 Écoute. Qu'est-ce qu'on fait et combien de fois? Écris A (Annie), B (Benoît), C (Charlotte) ou D (David) dans la bonne case.

Nom: _____

	1–2 fois par mois	1–2 fois par semaine	3–4 fois par semaine	5–7 fois par semaine
			A	
		A		

2 À deux. Regardez la grille complète et faites le jeu 'Qui suis-je?'.

Exemple:
A: Je joue d'un instrument de musique.
B: Tu es David?
A: Non. Je joue trois ou quatre fois par semaine.
B: Tu es Annie.
A: Oui, c'est ça. À toi le tour.

3a Écris tes détails dans la grille.
Exemple:

	1–2 fois par mois	1–2 fois par semaine	3–4 fois par semaine	5–7 fois par semaine
			Moi	
		Moi		

3b À deux, faites des dialogues et notez les détails de votre partenaire.
Exemple:
– Tu joues d'un instrument?
– Tu répètes souvent?
– Combien de fois?
– Et tu fais du sport?

Écoute et parle 2

Partenaire A

1 À deux. Faites un dialogue.

A: Qu'est-ce que tu fais pour aider
à la maison?
[*note la réponse de B:*

_____]

A: Et tu  ?

[*note la réponse de B:*

_____]

[*B pose une question*]

A:  t.l.j.,

mais

Légende
t.l.j. = tous les jours
1x p.s. = une fois par semaine
2x p.s. = deux fois par semaine
d.t.e.t. = de temps en temps
jam. = jamais

A:  d.t.e.t.

EN **PLUS**

2 Qu'est-ce que vous avez fait la
semaine dernière pour aider à la
maison? Faites un autre dialogue.
Changez les détails.

- -

(Le contenu ci-dessous est imprimé à l'envers — Partenaire B)

Partenaire B

1 À deux. Faites un dialogue.

[*A pose une question*]

B:  3x p.s

[*A pose une question*]

B:  + t.l.j.

[*A pose une question*]

B:  jam. !

Et toi? Qu'est-ce que tu fais pour
aider à la maison?
[*note la réponse d'A:*

_____]

EN **PLUS**

2 Qu'est-ce que vous avez fait la
semaine dernière pour aider à la
maison? Faites un autre dialogue.
Changez les détails.

B: Tu aimes aussi 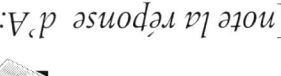 ?

[*note la réponse d'A:*

_____]

Légende
t.l.j. = tous les jours
1x p.s. = une fois par semaine
2x p.s. = deux fois par semaine
d.t.e.t. = de temps en temps
jam. = jamais

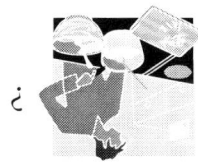

change ②
en plus

Écoute et parle 3

1 Antoine et Laura racontent une journée de vacances type. Écoute et mets les images dans l'ordre. Attention! Tu utilises six images pour chaque personne.

Nom: _____

Antoine			1						
Laura									

2a Décris la journée type d'Antoine ou de Laura à ton/ta partenaire.

Exemple: Pendant les vacances, Antoine se couche vers 11 heures et...

2b Décris ta journée de vacances type à ton/ta partenaire.

3 Écoute la conversation sur les petits boulots. Qui sont les personnes A–D? Choisis dans la case.

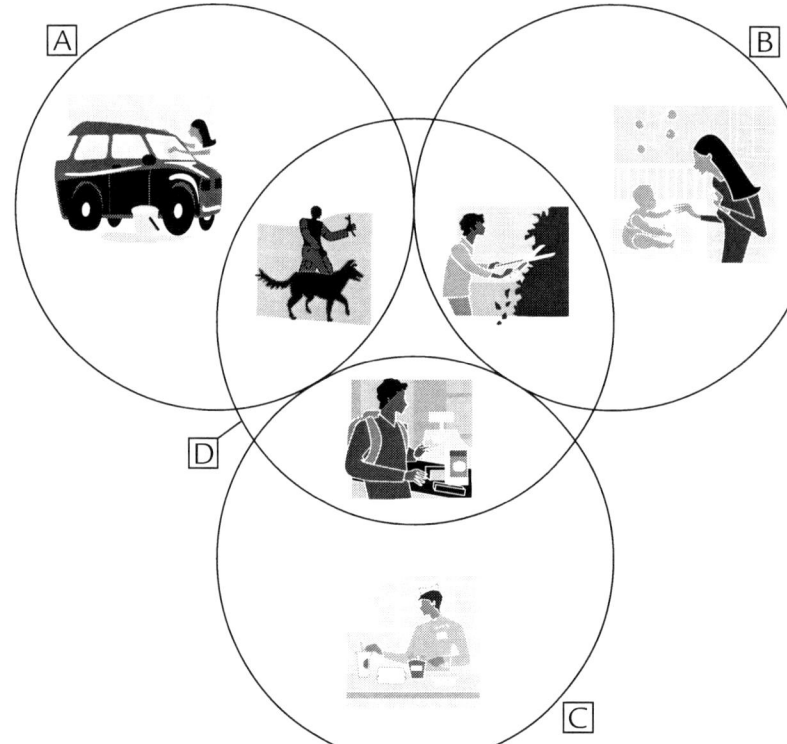

Alice

Simon

Laura

Thomas

A = _____

B = _____

C = _____

D = _____

échange ② *en plus*

Lis et écris 1

1 Tu aides à la maison?
Réécris les mots correctement.

Nom: _____

a SO CURES   *courses* _____
b PUTS AIR EAR   _____
c U IS NICE   _____
d DEAR BRASSÉ   _____
e IS NO MA   _____
f TIRED JÉEP TUNE   _____
g PEN MORÈ   _____
h GREAN   _____
i BLEAT   _____
j SIEVES ALL   _____

2 Remplis les blancs avec le bon mot (de l'exercice 1)
et trouve la bonne fin pour chaque phrase.

a Le samedi, on fait les
b Sandrine ne met
c Alexandre ne
d Chaque soir, je
e Je _____ la table
f Nous n'aimons pas faire
g Ma sœur ne _____ jamais
h Je fais mon lit
i Je passe
j Martin ne fait rien pour

1 sa chambre.
2 fait pas la _____.
3 l'_____ tous les jours.
4 *courses* en ville.
5 _____ le chien.
6 la _____.
7 aider à la _____.
8 jamais la _____.
9 avant le _____.
10 deux fois par semaine.

3 Regarde le robot pour aider à la maison.
Qu'est-ce qu'il fait? Écris les textes.

a *Il fait la vaisselle.* _____
b _____
c _____
d _____
e _____

EN **PLUS**

4 Invente un robot pour aider à la maison. Dessine-le et explique ce qu'il fait.

échange **2**
en plus

Lis et écris 2

1 Lis le mail de Géraldine. Écris V (vrai), F (faux) ou ? (on ne sait pas).

Nom: _____

Salut!

Je n'ai pas beaucoup de temps libre parce que tous les jours, je fais beaucoup de choses. Le lundi soir, je joue au volley-ball au collège, et le jeudi aussi, on joue au volley pendant une heure. J'aime jouer au tennis aussi.

Le week-end, je suis allée à la piscine avec mes copains parce qu'on aime nager, et après ça, on a joué sur l'ordinateur chez moi. Quelquefois, on joue aux cartes. C'est super! On aime aussi aller au cinéma, mais c'est assez cher et on y va peut-être une fois par mois.

Je joue du piano – le mercredi, j'ai une leçon et je répète tous les jours, au moins une demi-heure. Mon frère joue du piano aussi, mais il ne répète jamais! Il trouve ça ennuyeux.

Et toi? Tu joues d'un instrument? Tu répètes souvent? Tu fais du sport? Quel sport, et combien de fois?

A+

Géraldine

---

a Géraldine ne fait pas de sport.

b Elle joue au volley-ball deux fois par semaine.

c Elle aime faire de la natation.

d Elle joue sur l'ordinateur de son frère.

e Elle joue aux cartes de temps en temps.

f Une fois par semaine, elle regarde un film au cinéma.

g Le mercredi, elle a deux heures de piano.

h Le frère de Géraldine joue du piano tous les jours.

2 Corrige les phrases fausses.

_____

_____

_____

3 Et toi? Écris un mail à Géraldine. Réponds à ses questions.

échange ②
en plus

Lis et écris 3

1a Lis les cinq textes et complète la grille.
Ensuite, écris le bon nom pour
chaque bulle.

> J'ai un petit boulot – je fais du baby-sitting.
> J'aime bien le travail et je gagne 15 euros par
> semaine. Je n'aime pas les animaux, alors je ne
> promène pas les chiens, mais le samedi, je fais
> les courses pour une vieille dame du quartier –
> elle me donne 5 euros.

a Nom: _____

> Le week-end, je lave des voitures pour les
> voisins. Je n'aime pas tellement le travail, mais je
> gagne 15 euros par semaine, alors ça va. Je ne
> fais jamais de baby-sitting et je déteste faire du
> jardinage. Mes parents me donnent 5 euros par
> semaine parce que je fais les courses.

b Nom: _____

> J'adore les animaux et les enfants, alors, j'ai
> deux petits boulots: chaque soir, je promène le
> chien des voisins (à 20 euros par semaine, c'est
> assez bien payé); et le vendredi ou le samedi, je
> fais du baby-sitting pour ma sœur. Elle me
> donne 10 euros. Laver les voitures? Jamais!

c Nom: _____

> Alors moi, je ne fais pas de baby-sitting – je
> déteste ça. Mais j'adore les animaux – je
> promène le chien tous les jours et je gagne 20
> euros! En plus, je fais du jardinage pour mes
> grands-parents – je reçois 10 euros. Alors, en
> tout, ce n'est pas mal.

d Nom: _____

> Moi, je déteste les chiens! Pour gagner de l'argent chaque semaine, je
> fais du jardinage pour les voisins. C'est intéressant, et c'est bien payé – je
> gagne 30 euros. Et le week-end, normalement, je lave la voiture des
> parents. Ça, c'est ennuyeux et en plus, je ne gagne rien! Ce n'est pas juste!

e Nom: _____

1b Complète la grille pour trouver le nom de chaque personne.

						20€	30€
Kevin					✗	✔	
Zoé	✗	✔					
Louis		✔			✗		
Julie			✔		✔		
Muhamed	✔						✔

EN **PLUS**

2 Regarde la grille, choisis une personne et écris un résumé au passé.

échange ②
en plus

Projet d'informatique 1

1 Locate the following francophone countries on a map.

Nom: _____

   a Viêtnam
   b Gabon
   c Guyane
   d Nouvelle-Calédonie

2 Fill in the table below.

   a What is the currency of the countries?
   b What is the exchange rate in relation to the euro?
   c If possible, compare the cost of some items in each country, e.g. a loaf of bread, a kilo of bananas, a television, a car (e.g. basic, medium-sized Renault).

country	currency	1€ = ? (currency)	1 (currency) = ? €	bread (€/loaf)	bananas (€/kg)	television (€)	car (€)
France	1 euro (€) = 100 centimes	–	–				
Viêtnam							
Gabon							
Guyane							
Nouvelle-Calédonie							

3a Try to find out some facts about the economy of each country. What are the main products of each country? What (if anything) can we buy in Britain from these countries?

3b What do people earn in each of the countries for particular jobs (e.g. teacher, mechanic, factory worker)?

4 Where would you prefer to live? Why?

échange ②
en plus

Projet d'informatique 2

La Corse

Nom: _____

> The island of Corsica is a less well-known part of France. Find out as much as you can about it.

> Read this article on the Corsican language and answer the following questions.

1a Which sea is it in?

1b How far away is France?

1c Which country is nearer to it than France?

1d How can you get to Corsica and how long might it take? (You could also find out the cost.)

1e Mark the following main towns on the map: Ajaccio, Bastia, Calvi. Add the names of other towns that you find out about.

> La langue corse est parlée par une large proportion des habitants de l'île. Elle vient de l'italien, mais a été influencée par d'autres langues. Les lettres *k, w, x* et *y* n'existent pas en corse, mais il y a d'autres groupes de lettres: *chj* (tyi) et *ghj* (diè). En règle générale, *ch* se prononce *g*; *u* se prononce *ou*; *c* se prononce souvent *tch*, et *g* se prononce fréquemment *dg*. La ville de Porto-Vecchio, *Purti-Vechju* en corse, se prononce ainsi 'pourti-vetyiou'.

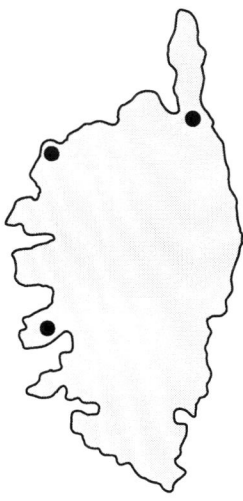

2a In which language are the main roots of Corsican?

2b Which letters won't you find in the Corsican alphabet?

2c Voici des expressions corses. Trouve le français.

  a *A venicci.*   Bonjour.
  b *A salute!*   À votre santé!
  c *Bunghjornu.*   Combien?
  d *Pace i salute!*   Meilleurs vœux!
  e *Grazie.*   Merci.
  f *Quantu?*   Où?
  g *Duve?*   Quand?
  h *Quandu?*   Au revoir.

1f What is the GR 20?

1g Which famous leader was born in Ajaccio?

1h When did Corsica become part of France?

échange ② *en plus*

Contrôle: Écoute et parle

1 Écoute et relie, puis écris l'heure.

Nom: _____

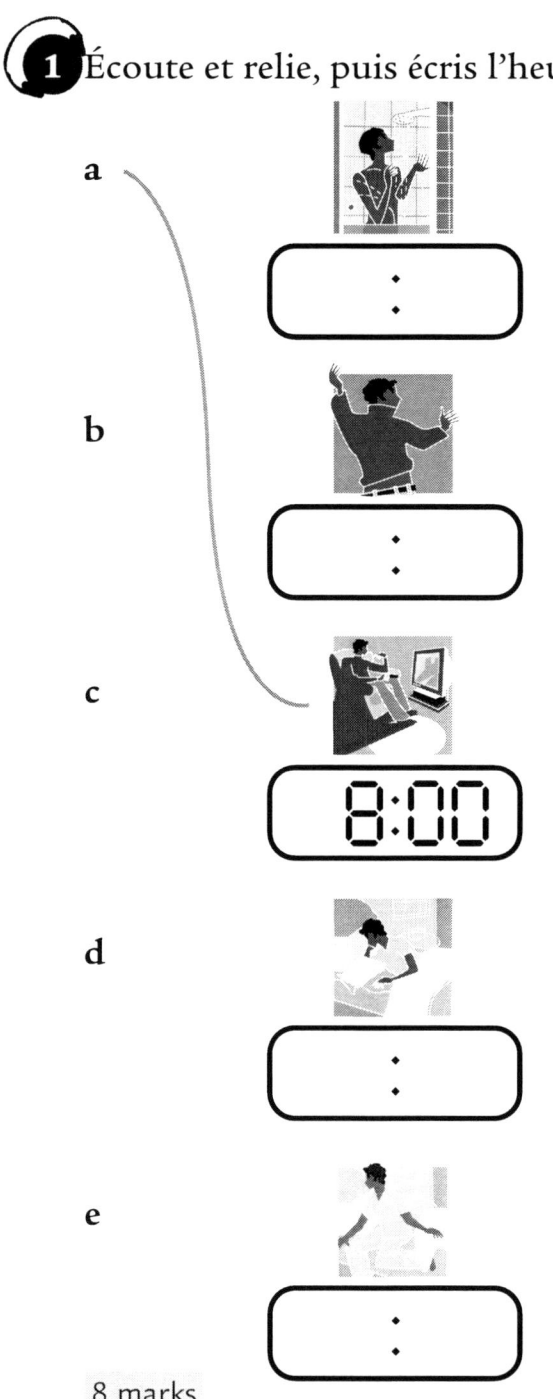

a

b

c

d

e

8:00

8 marks

2 Parle de ta journée type. Mentionne au moins 5 choses.

Exemple: Normalement, le matin, je…
Ensuite, je… Le soir, à six
heures, je…

5 marks

3 Écoute. Qu'est-ce qu'ils font et quand? Complète la grille en anglais.

	activity	how often?
a	plays football	every day
b		
c		
d		
e		
f		
g		

6 marks

4 Choisis trois petits boulots et donne ton opinion à ton/ta partenaire.

6 marks

échange ② en plus

Contrôle: Lis et écris

1 Lis le texte et remets les images dans l'ordre.

Nom: _____

Mon frère travaille dans un fast-food le week-end, mais moi, je suis trop jeune. Pour gagner de l'argent, je promène le chien trois fois par semaine et de temps en temps, je lave la voiture des parents. Ma sœur fait du baby-sitting le samedi soir et la voisine lui donne quelques euros parce qu'elle fait les courses pour elle. En été, je fais du jardinage, mais je n'aime pas ça – c'est trop fatigant!

a ☐   **b** ☐

c 1   **d** ☐

e ☐   **f** ☐

5 marks

2 Remets la journée type de Mélanie dans l'ordre.

a vingt, je pars au collège. Je reviens chez ☐

b le goûter. Ensuite, je fais mes devoirs et je ☐

c ça, je me lave, puis je prends le petit déjeuner vers ☐

d regarde un peu de télé. Je me couche vers dix heures. ☐

e Normalement, je me lève à six heures et demie. Après 1

f moi à cinq heures et demie et je prends ☐

g sept heures. Je m'habille vite et à sept heures ☐

6 marks

3 Complète le dialogue.

– Qu'est-ce que tu pratiques comme ___*sport*___, et combien de fois _____ semaine?

– Je _____ au football deux _____ par semaine et je fais du yoga _____ les jours. Une fois par _____, je fais de la natation.

– C'est _____! Tu joues aussi d'un instrument de _____?

– Oui, je joue du _____ et de la _____ – c'est mon instrument préféré.

– Moi, j'adore le violon. Tu _____ souvent?

– _____, je répète trois ou _____ fois par semaine.

clarinette	piano	musique	par
joue	fois	mois	~~sport~~ tous
Normalement		quatre	
	super		répètes

6 marks

4 Écris un mail à ton/ta correspondant/e. Qu'est-ce que tu fais et qu'est-ce que tu ne fais pas pour aider à la maison? Tu aimes faire ça?

8 marks

échange ②
en plus

Contrôle: Unités 3–4

1 Écoute la conversation et remplis la grille.

Nom: _____

	activité	☹	☺	☺
Éloïse	3			✓
Paul				
Lucie				
Simon				

1

2

3

4

5

6

7

8

8 marks

2 Quelle est ton activité préférée? Tu y passes combien de temps? Parle à ton/ta partenaire.

4 marks

3 Lis le texte et complète les phrases avec les mots de la case.

Une journée type au collège

Je me _lève_ à six heures moins le quart et je passe dix à quinze _____ dans la salle de bains. Ensuite, je m'_____ et je descends. Je prends un bol de _____ et un verre de jus d'orange et je suis prêt à _____ vers sept heures et _____. Je vais au collège en bus. Je _____ chez moi ___ cinq heures et quart. Je me repose un peu _____ la télé – je préfère les _____, mais je regarde _____ les feuilletons. Ensuite, je fais mes _____ ou je m'amuse sur mon _____. Je ___ couche vers ____ heures et demie.

aussi	dessins animés	céréales
demie	devoirs	dix
devant	~~lève~~	ordinateur
habille	minutes	vers
me	partir	reviens

7 marks

4 Parle de ton argent. Tu reçois de l'argent de poche? Tu gagnes de l'argent? Combien? Qu'est-ce que tu fais (as fait) de ton argent?

6 marks

échange ② *en plus*

Vocabulaire

Nom: _____

Les sports et les instruments

Je joue au tennis/au foot/au volley-ball/ à la pétanque/aux cartes

Je joue du violon/du clavier/du piano/de la flûte/de la batterie/de la guitare

une fois/deux fois/ trois fois par jour/ par semaine/par mois

tous les jours/jamais/ de temps en temps/ quelquefois/souvent

Une journée type

je me réveille

je me lève

je m'habille

je me lave

je me douche

je prends mon petit déjeuner

je pars

je reviens chez moi

je me repose

je m'amuse

je me couche

je fais mes devoirs

normalement, puis, ensuite, le matin, le soir, vers 22h

Aider à la maison

Je fais les courses/mon lit/la cuisine/la vaisselle.

Je range ma chambre.

Je mets/débarrasse la table.

Sports and instruments

I play tennis/football/ volleyball/boules/cards

I play the violin/keyboard/ piano/flute/drums/ guitar

once/twice/ three times a day/ a week/a month

all the time/never/ from time to time/ sometimes/often

A typical day

I wake up

I get up

I get dressed

I get washed

I shower

I have my breakfast

je pars

I come home

I rest

I enjoy myself

I go to bed

I do my homework

normally, then, next, in the morning, in the evening, around 10 o'clock

Helping at home

I do the shopping/make my bed/do the cooking/ do the washing up.

I tidy my bedroom.

I lay/clear the table.

Je passe l'aspirateur.

Je promène le chien.

Tu ne fais jamais ton lit.

Il n'a jamais aimé faire ça.

Ils ne mangent rien.

Nous n'avons rien fait.

L'argent de poche

Tu reçois combien d'argent de poche?

Je reçois/Je gagne 20 euros par semaine/ mois.

Je ne reçois pas d'argent de poche.

J'achète des magazines/ des bonbons/des boissons/des vêtements/des livres/des DVD/du chewing-gum.

Je paie mes frais de portable.

Je mets de l'argent de côté pour acheter un vélo/un clavier/un ordinateur/des baskets.

Je fais du baby-sitting/du jardinage.

Je travaille dans un fast-food.

Je lave la voiture.

c'est/ce n'est pas/ c'était/ce n'était pas assez/très...

intéressant/ennuyeux/ bien payé/mal payé

I do the hoovering.

I walk the dog.

You never make your bed.

He has never liked doing that.

They eat nothing/don't eat anything.

We did nothing/didn't do anything.

Pocket money

How much pocket money do you get?

I get/I earn 20 euros a week/a month.

I don't get any pocket money.

I buy magazines/sweets/ drinks/clothes/books/ DVDs/chewing gum.

I pay my mobile phone bill.

I put money aside to buy a bike/a keyboard/a computer/a pair of trainers.

I babysit/do the gardening.

I work in a fast-food restaurant.

I wash the car.

it is/it isn't/ it was/it wasn't quite/very...

interesting/boring/well paid/badly paid

Je sais...

Nom: _____

	Me	My partner

I know how to...

- say what sports and instruments I play using *jouer à* and *jouer de*: *je **joue au** football*; *je **joue du** clavier*
- say how often I do things: *deux fois par semaine; tous les jours; de temps en temps*
- talk about my daily routine: *je me réveille à sept heures, je m'habille et je pars au collège*
- understand and use reflexive verbs to talk about daily routine: *je me couche, tu te couches, il se couche*
- talk about what someone does to help at home: *je fais mon lit et je range ma chambre; mon frère débarrasse la table et passe l'aspirateur*
- use the negative expressions *ne... pas, ne... rien* and *ne... jamais*
- talk about how much pocket money I get: *je reçois 10 euros par semaine; je gagne 20 euros par mois*
- talk about what I spend my pocket money on: *j'achète des CD; je paie mes frais de portable; je mets de l'argent de côté pour acheter des baskets*
- recognise the euro coins
- talk about what jobs I do: *je travaille dans un fast-food; je fais du baby-sitting; je promène le chien*
- give opinions about the jobs I do: *ce n'est pas bien payé; c'est ennuyeux; c'est fatigant*
- recognise and understand some slang words in French: *le fric, le bouquin, bosser, bouffer*

échange ② en plus

Starters/Plenaries 1

1 À deux. Vous allez où? Et comment? Et pourquoi? Faites des phrases. Le dernier à parler gagne! *

Nom: _____

* *Last speaker wins*

Exemple:

A: Je vais en ville en bus...

B: Je vais en ville en bus <u>et en tram</u>...

A: Je vais en ville en bus et en tram <u>parce que c'est plus rapide</u>...

B: Je...

2 À deux. Adaptez les phrases de l'exercice 1.

Exemple: <u>Quand</u> je vais en ville, je prends le bus et le tram.

quand	samedi matin	mais
si	et	ou
le week-end	tous les jours	puis

3 À deux. Lisez le mail et complétez le texte. Expliquez vos choix (en anglais ou en français) à un(e) partenaire.

De: Laura

À: Justine

Salut, Justine!

Vous arrivez _____ Nantes samedi! Super!

Moi aussi, je déteste _____ en train, c'est trop _____ , mais comme tu dis, c'est trop cher _____

avion et trop long en _____

Vous arrivez _____ 18h35? C'est bien, parce que samedi après-midi, je _____ en ville _____

voiture _____ ma mère, alors on vous attend à la gare.

À _____ , alors!

Laura

échange ②
en plus

Starters/Plenaries 2

1 À deux. Nommez les pays, les régions, les moyens de transport et les activités de vacances. Vous avez 3 minutes!

Nom: _____

Exemple:

A: France... en avion... golf

B: Guadeloupe... en train... tennis

1	2	3
CANFRE		
DAOGPUEELU		
OERSC		
CAMRO		
ÉBEQUC		
UEQMTINIAR		

2 À deux. Le jeu des vacances. Devinez les choix!

- Partenaire A choisit la destination.
- Partenaire B choisit le moyen de transport.
- Partenaire A choisit une activité de vacances.
- Partenaire B ajoute une deuxième activité de vacances.

Exemple:

B: Tu es allé(e) où en vacances, <u>en Guadeloupe</u>?

A: Non, je suis allé(e) <u>en France</u>. J'ai pris **l'avion**?

B: Non, tu as pris **le car**. Tu as fait *du surf*?

A: *Oui*. J'ai aussi fait **des visites guidées**?

B: Non, tu as aussi fait **du ski nautique**.

échange ② *en plus*

Focus grammaire 1

Focus sur... *les prépositions*

Nom: _____

> Remember, you use the preposition *en* with feminine countries, *au* with singular masculine countries or *aux* with plural masculine countries.
> *J'habite au Canada, mais je passe mes vacances en France.*

1 Entoure la bonne préposition.
   a On va **en/aux/à/au** Martinique.
   b Tu vas **au/à la/aux/en** Belgique ou **en/au/aux/à** Portugal?
   c Je vais **en/à la/aux/à/au** États-Unis en mai.

> For towns, you only need the basic preposition *à*, which is also used to say where people live or work.
> *Je vais à Toronto, mais j'habite à Montréal. Mes parents habitent à Monaco, mais ils travaillent à Paris.*

2 Complétez les phrases.
   a Il travaille _____ Nice, mais il va _____ Bruxelles _____ Belgique.
   b Tu vas passer tes vacances _____ Bordeaux ou tu vas rester _____ la maison?
   c Mes copains habitent _____ Vancouver _____ Canada.

> The preposition *en* is also the most commonly used preposition for means of transport, though *à* is used for some vehicles (*à vélo/mobylette/moto*) and for the expression 'on foot' (*à pied*).
> *Quand je pars en vacances, je préfère aller en avion ou en bateau. Je n'aime pas voyager en train ou en car, et je ne voyage jamais à moto ou à vélo.*
> Remember, too, that *à* is used to say 'at' with times.
> *On part en vacances demain matin à 7h30.*

3 Regarde les dessins et les indices, puis formule des phrases.
   Exemple: **a** Je vais à Paris à 19 heures en métro.

   a Je → PARIS + +

   b Je → + +

   c On habite + NANTES + mais on → PAU + +

   d Tu + + PORTUGAL ou + MARTINIQUE?

Focus grammaire 2

Focus sur... the perfect tense with *avoir* and *être* verbs

Nom: _____

All perfect tense verbs have 2 parts, the <u>auxiliary</u> (part of *avoir* or *être* and often translated as 'have' or 'has') and the **past participle**, which is formed from the infinitive and usually ends in '-*é*' (it often corresponds to words that end in '-ed' in English).

> Je <u>suis</u> **allé** *à la plage et j'ai* **joué** *au volley.*
> I <u>went</u> (have gone/been) to the beach and I (have) **played** volleyball.

There are far more verbs that take *avoir* as the auxiliary than *être*. *Être* is used only for verbs of coming and going and the verb 'to stay' (*rester*).

1 Souligne <u>le verbe auxiliaire</u> et entoure le participe passé.
  a Elle est allée en Corse.
  b J'ai joué au golf.
  c Il a voyagé en train.
  d Tu es allée au Québec, et tu as fait du ski, Djamila?

In sentences **a** and **d** above, why do the past participles of *aller* gain an extra 'e'? Do the past participles of verbs that take *avoir* change or do they stay the same?

Learn by heart the commonly used, irregular past participles *pris* and *fait*. What are their infinitive forms? Do they take *avoir* or *être* as their auxiliary?

2 Complète les phrases avec les bons verbes auxiliaires ou/et participes passés.
  a Il _____ allé en Irlande du Nord et il _____ joué au foot.
  b Tu _____ pris l'avion ou le train?
  c Amélie _____ fait du surf et elle a _____ des visites guidées.
  d Je suis _____ au Parc Astérix et j'_____ visité Paris.
  e Tu _____ _____ en Corse et tu as _____ des randonnées, Mathilde?

All of the examples in exercise 2 are in the singular. Now put them into the plural.

3 Traduis en anglais.
  a On a fait du surf et du ski nautique.
  b On a pris le train et on est allés en Belgique.
Why is there an '-s' on *allés* in sentence b? Think up a sentence in which the past participle would be *allées*.

4 Écoute le journal sur la classe verte et note les 11 verbes au passé composé.
Exemple: **1** Je suis parti, **2**...

échange ②
en plus

Stratégie 1

Developing longer, more interesting sentences

Nom: _____

By careful use of connectives you can significantly improve your spoken and written French. You will also: save time/breath, vary sentence length, avoid repeating yourself and sound authentic.

How could you make these sentences more concise and authentic?

| *On va au collège.* | ~~*On va*~~ *en bus.* | *C'est très rapide ~~en bus~~.* | *C'est fatigant à pied.* |

connective   connective
↓   ↓

*On va au collège en bus **parce que** c'est très rapide **et** c'est fatigant à pied.*

Notice also how you can add to adjectives, such as *rapide*, using intensifiers and/or comparatives (*très, trop, plus, moins*).

1 Formule des phrases plus longues et plus intéressantes.

Exemple: Il y a un match vendredi soir, alors...

a
| Il y a un match vendredi soir. | On va en métro. | Je vais au stade à 18h30. |

| C'est pratique en métro. | Je vais au stade avec mon copain. |

b
| Le samedi, on va au centre commercial. | Je vais à vélo. |

| Je n'aime pas aller au centre commercial à pied. | Je vais à mobylette aussi. |

| Le centre commercial est loin de chez moi. | Je ne vais jamais* en tram. |

By using adverbs or expressions of time, such as *tous les jours*, *tous les week-ends*, *normalement, souvent, de temps en temps, rarement, *ne... jamais*, you can add further detail.

***Normalement, le week-end** je vais en ville avec mes copains. On va **très souvent** au centre commercial **en tram**, **parce que** c'est rapide et pratique, **mais** on va rarement au jardin public. Je n'aime pas ça, moi, c'est ennuyeux.*

2 À toi. Décris 3 ou 4 sorties régulières. Sers-toi d'adverbes, de prépositions et de conjonctions pour rendre ton texte plus varié et plus intéressant.

échange ②
en plus

Stratégie 2

Planning and redrafting
a description

Nom: _____

Use what you know about speaking from notes to build up your first draft of a text, for instance when talking about holidays.

- Identify key facts: ➜ *Ajaccio, Corse; avion; 10 jours; randonnées, natation, surf, visites guidées*
- Think of the associated key verbs, such as *aller/partir, passer, prendre, faire* and recall how they would feature in dialogues such as this:

– *Tu es parti en vacances?*
– *Oui, 10 jours à Ajaccio.*
– *À Ajaccio. C'est où?*
– *En Corse.*
– *Tu as pris le bateau?*
– *Non, l'avion.*
– *Tu as fait beaucoup d'activités?*
– *Oui, des randonnées, de la natation, du surf, des visites guidées...*

1 Sers-toi du dialogue pour écrire ta description.

Exemple: Je suis parti en vacances.
J'ai passé 10 jours à Ajaccio...

2 Corrige les 11 erreurs dans le texte de Nathalie. Explique les erreurs en anglais.

Je suis parti**s** (=_____) en vacances **à** (=_____) mai avec **mon** (=_____) copine. Je suis allée **en** (=_____) Pointe-à-Pitre en Guadeloupe **avec l'** (=_____) avion. J'ai pass**ée** (=_____) 8 jours dans un hôtel moderne**s** (=_____). Comme activités de vacances, **je suis** (=_____) fait du ski nautique et **de la** (=_____) surf. J'ai jou**és** (=_____) aussi au volley sur la plage. C'était génial**e** (=_____).

Now review your text systematically, checking the following:

- Do the subject (*je*, *tu*, *il*, *elle*, etc.) and the verb match?
- What tense are you using (present, future, perfect)?
- In the perfect tense, are you using '*être*' verbs? If so, what happens to the past participles (*parti, partie, partis* or *parties*)?
- What prepositions do you need: *en* or *au(x)* for countries; *à* for towns.
- Are there any adjectives? If so, do they agree with their noun (*visites guidées*)?
- Are the genders of the nouns correct (*le* bateau, *la* natation)?

3 À toi. Écris un texte (imaginaire) sur tes vacances. Puis relis le texte, vérifie et corrige les erreurs.

Accent français

Listening for subtleties

Nom: _____

You already know how to use intonation to turn a statement into a question by raising the pitch of your voice slightly at the end.

1 Lis ces paires de phrases à haute voix, puis écoute et vérifie.
Tu es parti en vacances.
Tu es parti en vacances?

On va rester 10 jours?
On va rester 10 jours.

Apart from the use of intonation and the distinct sounds that accents give to certain letters, most French words have even stress (or no particular stress), whereas English often (though not always) stresses the second syllable.

2 Prononce ces mots en français et en anglais, puis écoute et vérifie.

Français	English
pré-pa-rez	pre-<u>pare</u>
ca-thé-drale	ca-<u>the</u>-dral
tran-sport	<u>trans</u>-port
no-vem-bre	no-<u>vem</u>-ber
ac-ti-vi-tés	ac-<u>tiv</u>-ities
a-rri-ver	a-<u>rrive</u>
a-ttrac-tions	a-<u>ttrac</u>-tions

3 Pronociation française ou anglaise? Prononce, puis écoute et vérifie.

Mot français ou anglais	Mot équivalent en français ou anglais
1 oc-<u>to</u>-ber	oc-to-bre
2 Lux-em-bourg	
3 <u>Pa</u>-ris	
4 jan-vi-er	
5 fantastic	
6 ex-<u>cur</u>-sion	

Now that you have mastered the art of stress in French words, show how fluently you can read the following passage.

4 Lis à haute voix, puis écoute et compare.
En novembre dernier, j'ai fait une excursion extraordinaire à Paris, où j'ai visité la cathédrale de Notre-Dame et le musée du Louvre. J'ai fait un super tour en bateau mouche, j'ai fait des visites guidées et acheté des souvenirs touristiques. J'ai aussi visité un parc d'attractions. C'était fantastique!

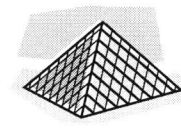

échange ② **en plus**

Écoute et parle 1

1 Écoute et note le(s) moyen(s) de transport à chaque fois.

Exemple: 1 – c, ...

Nom: _____

a

b

c

d

e

f

g

h

i

j

2 Regarde la grille, écoute et note les détails.

	Quand?	Où?	Comment?
1	*vendredi*		
2			
3			

3 À deux. Regardez les dessins a–j ci-dessus et faites des dialogues. Servez-vous aussi de ces indices, si vous voulez.

Quand?	Où?	Comment?
vendredi soir	au club des jeunes	
samedi après-midi	au stade/au marché	
dimanche matin	à la discothèque/à la piscine	

échange ②
en plus

Écoute et parle 2

Partenaire A

1 Regarde les dessins et les indices et fais un dialogue avec ton/ta partenaire.

A: *parti(e)?*
B: _____
A:

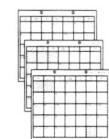

B: _____
A: *Transport?*
B: _____
A: *Activités?*
B: _____
A: *Comment?*
B: _____

✂ -

Légende

parti(e)? Tu es partie) en vacances?
➔ *à...* Je suis allé(e)/On est allés à...

Tu es resté(e) combien de jours?

Transport? Tu as pris l'avion/ le bateau...?

Activités? Tu as fait quoi?

Comment? C'était comment?

EN **PLUS**

2 Change de rôle avec ton/ta partenaire et change les détails.

[contenu inversé – Partenaire B]

Partenaire B

1 Regarde les dessins et les indices et fais un dialogue avec ton/ta partenaire.

A: _____
B: ➔ à Pointe-à-Pitre en Guadeloupe
A: _____
B: 10 j./ 7j./un week-end
A: _____
B:
A: _____
B:
A: _____
B:

Légende

parti(e)? Tu es partie) en vacances?
➔ *à...* Je suis allé(e)/On est allés à...

Tu es resté(e) combien de jours?

Transport? Tu as pris l'avion/ le bateau...?

Activités? Tu as fait quoi?
Comment? C'était comment?

EN **PLUS**

2 Change de rôle avec ton/ta partenaire et change les détails.

échange **2**
en plus

Écoute et parle 3

1 Écoute et mets les dessins dans le bon ordre.
Exemple: 1d, ...

Nom: _____

a

b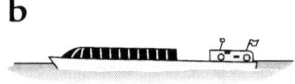

c

d

e

f

g

h

2 À deux. Prenez le rôle de Nathalie et Benjamin. Faites le commentaire sur votre visite scolaire à Paris. Servez-vous des réponses à l'exercice 1, si vous voulez.
Exemple:
A: On est arrivés en car jeudi soir. L'auberge de jeunesse était moche, mais tant pis, on était à Paris!
B: Oui, cool! Puis vendredi matin, on est allés...

jeudi matin/vendredi après-midi/samedi soir   le Sacré-Cœur
la tour Eiffel   Parc Astérix   la cathédrale de Notre-Dame
le palais de Versailles   en car   en bateau-mouche (sur la Seine)
super/extraordinaire/fantastique/moche/moderne/extraordinaire
Tant pis!   Quelle vue magnifique!

EN PLUS

3 À deux. Préparez une présentation orale sur une autre visite scolaire. Notez les détails suivants.

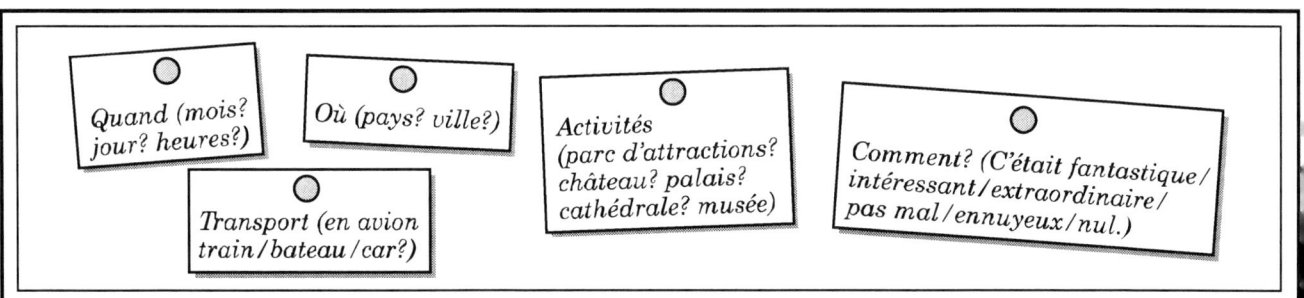

Quand (mois? jour? heures?)
Où (pays? ville?)
Transport (en avion train/bateau/car?)
Activités (parc d'attractions? château? palais? cathédrale? musée)
Comment? (C'était fantastique/ intéressant/extraordinaire/ pas mal/ennuyeux/nul.)

échange ②
en plus

Lis et écris 1

1a Trouve les 13 pays/régions dans la grille.

Nom: _____

```
I G C M A R T I N I Q U E
R A O A F R U A N C U F C
L B N R B E N I N O E R O
A O G O P N I G E R B A S
N N O C H O S N E S E N S
D S B E L G I Q U E C C E
E P A Y S D E G A L L E S
```

1b Complète cette phrase avec les lettres qui restent dans la grille.
Les pays où l'on parle français sont des pays _ _ _ _ _ _ _ _ _ _ _ _ _ .

2a Lis le texte et écris la question comme il faut. Attention aux accents!
Exemple: On va...?

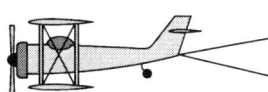 onvaapointeapitreenguadeloupeouamontrealauquebec

2b À toi. Écris un texte comme ça pour ton/ta partenaire.

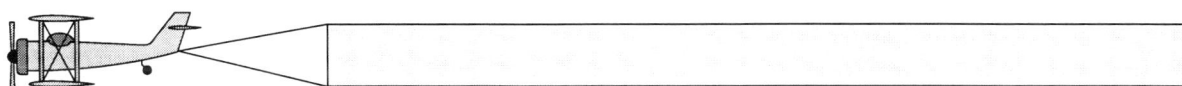

EN PLUS

3 Lis et recopie le texte dans le bon ordre.
Exemple: **e** Je vais partir en...

a partent en vacances en juillet ou en
b en mai parce
c n'aime pas voyager avec
d août. Je vais aussi partir au
e Je vais partir en
f Espagne ou en France, mais je
g tous les touristes qui

h vacances en avril ou
i novembre et je vais faire
j que j'adore aller en
k visites guidées.
l à glace et des
m du ski, du patin
n Québec en octobre ou en

échange ② en plus

Lis et écris 2

1 Complète le dépliant avec les bons moyens de transport.

Nom: _____

Comment se déplacer en ville?

en bus

Comment se déplacer en ville?

Comment se déplacer en ville?

_____

Ou on peut tout simplement se déplacer

_____

2a Réécris les phrases en employant le verbe *prendre*.
Exemple: **1** Je <u>prends le bus pour aller</u> en ville.
1 Je vais en ville en bus.
2 Mon copain va au centre-ville en tram.
3 Je vais aussi en métro au centre-ville, parce que c'est rapide.
4 Il ne va jamais en ville en taxi, parce que c'est trop cher.
5 Ma copine va en ville en voiture, parce qu'elle trouve que c'est pratique.

2b Écris des phrases plus longues et plus intéressantes. Sers-toi des phrases 1–5, si tu veux.
Exemple: <u>Normalement</u>, je vais en ville en bus, <u>mais</u> je prends aussi le métro pour aller au centre-ville, parce que <u>je trouve que</u> c'est <u>très</u> rapide <u>et ce n'est pas trop cher</u>.

3 Complète le texte avec les bonnes prépositions *à*, *au*, *avec*, *en*, *pour*.
L'année dernière, on a décidé de prendre l'avion (1) _____ aller
(2) _____ France, parce que c'est trop long (3) _____ bateau et trop cher
(4) _____ shuttle ou (5) _____ train. On a pris le train (6) _____
aller (7) _____ l'aéroport, mais le train est arrivé en retard et le métro était en
panne*. Alors on a continué le voyage (8) _____ taxi, mais cela a coûté très
cher et a duré plus longtemps que le métro. Normalement, une fois arrivés
(9) _____ l'aéroport de Bordeaux, on peut aller (10) _____ centre-ville
(11) _____ bus, mais malheureusement le bus aussi était en panne, alors on a
dû prendre un taxi. On est donc arrivés (12) _____ l'appartement
(13) _____ Bordeaux très en retard et (14) _____ très peu d'argent!

* en panne *broken down*

échange ②
en plus

Lis et écris 3

1 Imagine que tu es Justine. Lis son mail à une copine et mets les dessins dans l'ordre.

Exemple: 1c, ...

Nom: _____

■ Visite de Nantes ce week-end ■ ■ ■

On <u>arrive</u> en train à Nantes à 18h35. Puis on <u>va</u> chez Laura en voiture avec sa mère. Vendredi soir, je <u>reste</u> à la maison, parce que 5 heures en train, c'est fatigant, mais Ben et Laura <u>vont</u> au bowling.

Samedi matin, on <u>va</u> au centre-ville en tram. On <u>va</u> au marché de Talensac, où je <u>vais</u> <u>acheter</u> un jean cool. Puis je <u>vais</u> au Musée Jules Verne avec Romain, le copain de Laura. Samedi après-midi, je <u>vais</u> au cinéma avec Romain. Laura et Ben <u>vont</u> au match de foot au stade de la Beaujoire. Samedi soir, on <u>va</u> au resto.

---

a

b

c

d

e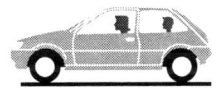

f

g

h

i

2 Relis et recopie le texte en mettant <u>les verbes soulignés</u> au passé composé.

Attention! N'oublie pas que tu es Justine!

Exemple: On <u>est arrivés...</u>

EN **PLUS**

3 À toi. Décris la visite d'une ville avec tes copains. Sers-toi du texte et des dessins a–i, si tu veux.

échange ②
en plus

Projet d'informatique 1

Les voyages aériens

Nom: _____

Les frères Montgolfier
Les frères Montgolfier (Joseph-Michel (1740–1810) et Jacques Étienne (1745–1799) ont inventé et construit le premier ballon à air chaud, la Montgolfière.

- En juin 1783, la Montgolfière s'est élevée à 2000m et a parcouru 2,5km.
- Les 'pilotes': un canard, un coq et un mouton.
- En septembre 1783, les frères ont présenté la Montgolfière au roi Louis XVI et à Marie-Antoinette.

- En novembre 1783, Pilâtre le Rozier a fait le premier voyage aérien en Montgolfière au-dessus de Paris.

1 Lis le texte et réponds aux questions en anglais.

   a Who designed and built the first hot-air balloon and what was it called?
   b When did it reach a height of two thousand metres and travel two and a half kilometeres?
   c How were a duck, a cockerel and a sheep involved?
   d What happened in September 1783?
   e When and where did the first manned hot-air balloon flight take place, and who was the pilot?

Projets en ligne

Since the Montgolfier brothers' first success in the late 18th century, France has had reason to celebrate other pioneers and aeronautical projects. How much do you know/can you find out about the following?

Louis Blériot

Airbus 300-600ST

Concorde

Ariane

échange ② **en plus**

Projet d'informatique 2

Le TGV français

Nom: _____

- France's high-speed train, the TGV (*train à grande vitesse*), was introduced in 1981 on completely new rail links between Paris and Lyon.
- By avoiding the traditional railway lines that detoured via Dijon, the TGV, travelling at over 250km per hour, cut the journey time in half, matching the time it took a conventional aircraft to complete the same journey.
- In 1990, the TGV Atlantique set a world speed record for a conventional train of 515km per hour.
- TGV Duplex, the first double decker TGV, was introduced in 1996.
- Today, the TGVs travel at speeds beyond 300km per hour on the high-speed sections of their routes:

1 Write the names of these TGVs on their matching routes.

TGV Paris-sud-est
TGV Méditerranée
TGV Aquitaine
TGV Atlantique
L'Eurostar

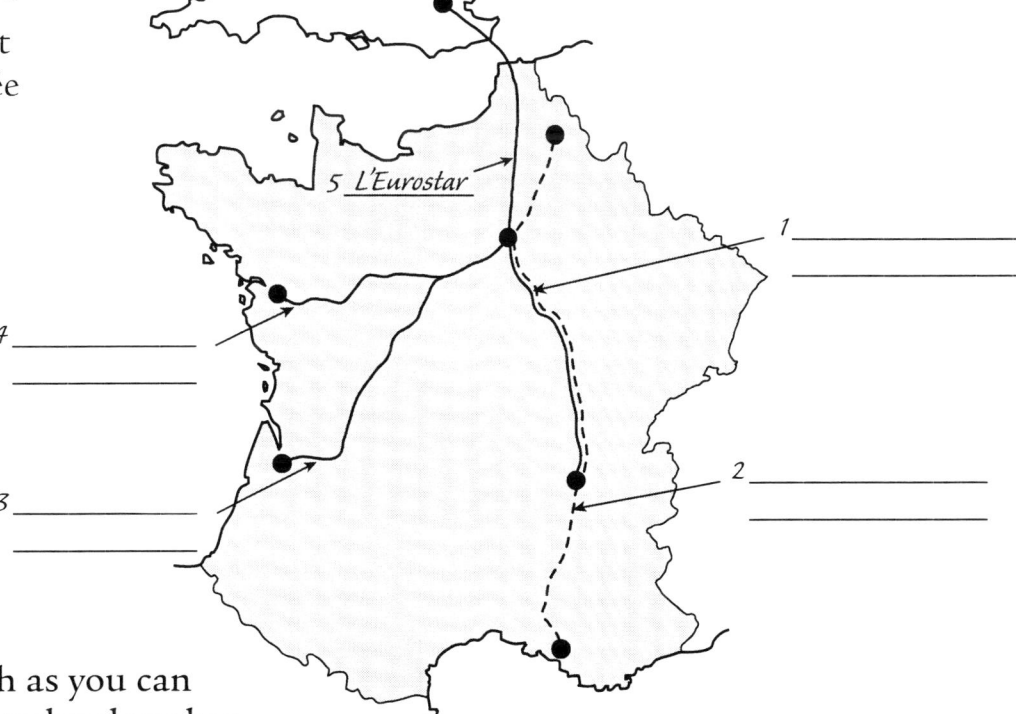

2 Find out as much as you can about how TGV technology has been exported for schemes in other countries such as Spain, South Korea, the United States, Taiwan and China.

échange ②
en plus

Contrôle: Écoute et parle

1 Ils voyagent comment? Complète la grille.

Nom: _____

1	2	3	4	5	6	7	8
b,...							

a    b    c    d   e

f    g   h    i    j

9 marks

2 Choisis trois endroits, dis comment tu y vas et pourquoi.

Exemple: Je vais à Paris en train parce que c'est plus pratique...

6 marks

3 Qu'est-ce que Justine a fait à Nantes? Choisis les six phrases qui sont vraies.

Exemple: a, ...

a Justine est arrivée à Nantes en train.
b Elle est allée chez sa correspondante Laura en car.
c Elle n'est pas allée au bowling.
d Ils sont allés au centre-ville en train.
e Elle a acheté un jean au marché.
f Elle n'aime pas les romans de science-fiction.
g Romain et Justine sont allés au Musée Jules Verne.
h Jules Verne est né à Nantes.
i Samedi après-midi, elle est allée au cinéma.
j Laura et Ben sont allés à Bordeaux.

5 marks

4 Parle d'un voyage récent à ton/ta partenaire. Tu es allé(e) où? Qu'est-ce que tu as fait?

5 marks

Contrôle: Lis et écris

1 Ils ont fait quelles activités? Écris les bons numéros.

a	b	c	d	e	f
3, 5					

a En vacances, j'ai fait du surf et du cheval sur la plage.

b J'ai fait du ski nautique en vacances. C'était fantastique! J'ai aussi fait du VTT. J'adore ça!

c Il y a une piscine à l'hôtel. Alors, j'ai fait de la natation, mais j'ai fait aussi des visites guidées. J'aime bien, moi.

d Je suis allée en Écosse où j'ai fait de l'escalade en montagne. C'était fatigant!

e Moi, je suis parti au Québec en février, alors j'ai fait du ski. C'était génial!

f En vacances, j'ai surtout fait du canoë-kayak. C'était super! Mais je suis souvent tombé dans la rivière, alors j'ai fait aussi beaucoup de natation!

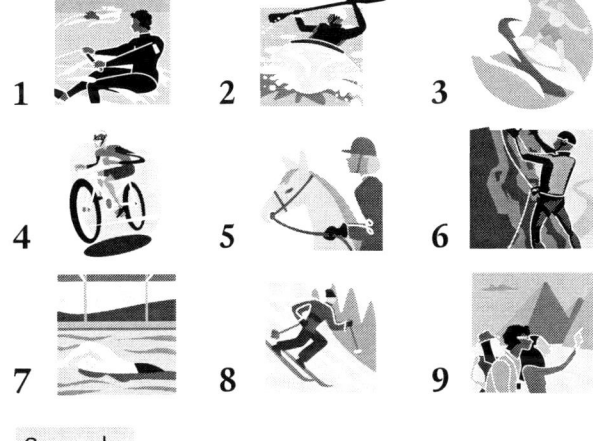

8 marks

Nom: _____

2 Complète les phrases. Sers-toi des images.

a On va __en__ France, et on joue _au volley-ball_.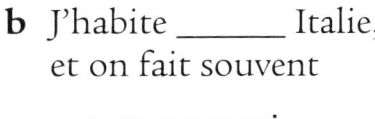

b J'habite _____ Italie, et on fait souvent _____.

c Cet été, on va _____ Canada, pour faire _____ _____.

d Moi, j'habite _____ Irlande, où on joue _____.

e Je vais _____ États-Unis, pour faire _____.

8 marks

3 Écris un mail après des vacances. Tu es allé(e) où? Tu as voyagé comment? Qu'est-ce que tu as fait? C'était comment? Sers-toi des mots de la case pour écrire des phrases plus longues.

et	mais	ensuite
ou	où	parce que
	puis	

9 marks

échange ②
en plus

Vocabulaire

Nom: _____

Les pays	*Countries*
Je vais/Je suis allé(e)...	*I go/I went...*
au Canada	*to Canada*
au Luxembourg	*to Luxembourg*
au pays de Galles	*to Wales*
au Portugal	*to Portugal*
au Québec	*to Quebec*
aux États-Unis	*to America*
en Angleterre	*to England*
en Écosse	*to Scotland*
en Espagne	*to Spain*
en France	*to France*
en Irlande du Nord	*to Northern Ireland*
en Italie	*to Italy*
en Suisse	*to Switzerland*

Les moyens de transport	*Means of transport*
Je vais/Je suis allé(e) en ville...	*I go/I went into town...*
à pied	*on foot*
à vélo	*by bike*
à mobylette	*on a moped*
à moto	*on a motorbike*
en bus	*by bus*
en car	*by coach*
en métro	*on the underground*
en train	*by train*
en tram	*on the tram*
en voiture	*by car*
c'est...	*it's...*
trop fatigant à pied	*too tiring on foot*
très pratique à vélo	*very convenient by bike*
plus rapide en train	*quicker by train*
moins cher en bus	*less expensive by bus*
Je prends/J'ai pris...	*I take/I took...*
l'avion	*the plane*
l'aéroglisseur	*the hovercraft*
le bateau	*the boat*
le car	*the coach*
le métro	*the underground*
le shuttle	*the shuttle*
le train	*the train*

En vacances	*On holiday*
Je suis parti(e) en vacances.	*I went on holiday.*
Tu es allé(e) où?	*Where did you go?*
Je suis allé(e) en France/à Bordeaux.	*I went to France/ Bordeaux.*
J'ai pris le train/ l'avion/le bateau.	*I took the train/ plane/boat.*
J'ai fait du surf/ du cheval/du ski.	*I went surfing/ horseriding/skiing.*
J'ai joué au tennis/ au volley-ball/au golf.	*I played tennis/ volleyball/golf.*
C'était cool/ fantastique/génial/ super/ennuyeux/nul.	*It was cool/ fantastic/brilliant/ great/boring/rubbish.*
Je suis sorti(e).	*I went out.*
J'ai visité le marché/ le château/le musée.	*I visited the market/ the castle/the museum.*

échange ② *en plus*

© OUP: this may be reproduced for use solely by the purchaser's instituti

Je sais...

Nom: _____

	Me	My partner

I know how to...

- name some countries: *la Belgique, le Maroc, la Tunisie, le Sénégal, la Martinique*

- say where I am going: *je vais/on va*

- use the preposition *à* with a masculine country or a town and *en* with a feminine country: *je vais au Portugal, je vais à Paris, je vais en France*

- develop longer, more interesting sentences using the connectives *et, mais, puis, ou, où*

- name different means of transport: *le train, le bateau, le car, l'avion*

- use the prepositions *en* and *à* with means of transport: *je vais en ville en train; je vais au collège à pied*

- use the present tense of *prendre* to say how I travel: *je prends l'avion; on prend le car*

- build longer sentences by using *parce que* + adjectives and the intensifiers *très, trop, plus* or *moins*

- describe where I went and what I did on a holiday or school trip: *Je suis allé(e) en Guadeloupe. J'ai fait du surf et du cheval.*

- describe what my holiday or school trip was like: *c'était cool, génial, ennuyeux, nul*

- form the perfect tense with an auxiliary verb (*avoir* or *être*) and a past participle: *j'ai joué, on a pris, je suis allé(e), on est arrivé(e)s*

- describe where I went: *je suis allé(e) à Londres. Je suis arrivé(e) en train à dix heures et j'ai fait du shopping.*

- use a text as a source for my own writing or speaking

- speak from notes

échange ②
en plus

Starters/Plenaries 1

1 Tu es allé(e) où? Complète la grille.
Tu as trois minutes!

Nom: _____

Exemple: Je suis allé(e)...

au	à l'	à la	aux
supermarché		*piscine*	

2 En groupes, faites un jeu de chaîne.
Qui peut continuer le plus longtemps?
Exemple:
A: Je suis allé(e) à la piscine.
B: Je suis allé(e) à la piscine et au supermarché.
C: Je suis allé(e) à la piscine, au supermarché et...

3 À deux. Labyrinthe.
  a Partenaire A trouve le chemin
    pour aller de l'entrée A jusqu'au
    centre du labyrinthe. Partenaire
    B commence à l'entrée B.
  b Partenaire A explique comment
    aller de l'entrée A jusqu'au
    centre du labyrinthe. Partenaire
    B dessine le chemin. Ensuite,
    changez de rôle.

    Exemple: Va tout droit, prends la
    première rue à droite puis...

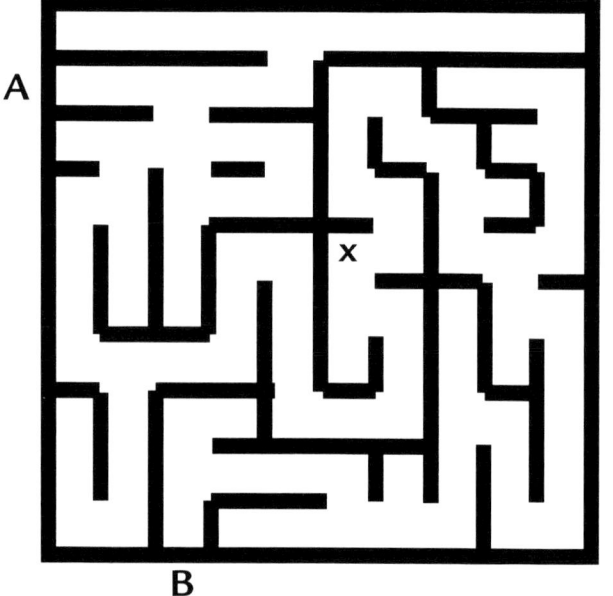

échange ②
en plus

Starters/Plenaries 2

1 Tu connais bien Paris? Relie les images et les noms.

Nom: _____

1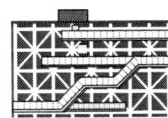

2

3

4

5

6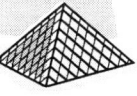

7

8

9

10

a la tour Eiffel

b le musée du Louvre

c l'arc de Triomphe

d la cathédrale de Notre-Dame

e la tour Montparnasse

f le métro

g le Centre Pompidou

h la Grande Arche de la Défense

i la Cité des Sciences et de l'Industrie

j la Seine

2 C'est comment? Choisis un adjectif (ou plusieurs) pour les noms (a–j). Ton/Ta partenaire est d'accord?
Exemple:
A: La tour Eiffel est haute.
B: Oui, elle est haute, et elle est vieille.

Voici des adjectifs (mais tu peux en choisir d'autres). Masculin ou féminin? Attention!

haut(e)

moderne

nouveau (nouvelle)

vieux (vieille)

magnifique

nul(le)

impressionnant(e)

grand(e)

petit(e)

beau (belle)

intéressant(e)

ennuyeux (ennuyeuse)

3 Qu'est-ce que tu achètes comme souvenir de vacances? Fais une liste. (Qui peut faire la plus longue liste? Qui peut trouver un souvenir pour (presque) chaque lettre de l'alphabet?)

Exemple: Je vais acheter/J'ai acheté…
un **a**nimal, un **b**ateau,
une **c**arte postale, …

échange ②
en plus

Focus grammaire 1

Focus sur... *il y a*

> Use *il y a* and *il n'y a pas* to say what there is or isn't. In the negative, *pas* is followed by *de* (or *d'*).

1 Complète la conversation à l'office de tourisme de Nulleville.

– Je voudrais visiter la cathédrale.

– Je regrette, *il n'y a pas de cathédrale.*

– Alors, je vais visiter le château.

– Mais, non! _____

– Où est le musée, alors?

– Désolé, _____

– Est-ce qu'_____ des magasins ici?

– Non, _____

– Qu'est-ce qu'_____ à Nulleville pour les touristes?

– _____ l'office de tourisme! C'est tout!

Nom: _____

Focus sur... *l'impératif*

> There are two forms of the imperative depending on whether you are talking to someone you would address as *tu* or *vous*.

2 Complète la grille, puis écoute pour vérifier.

	'tu'	'vous'	anglais
1	écoute	_____	*listen (to)*
2	_____	écrivez	_____
3	tourne	_____	_____
4	regarde	_____	*look (at)*
5	_____	finissez	_____
6	choisis	_____	_____
7	prends	_____	*take*
8	_____	allez	_____
9	_____	complétez	*complete*
10	_____	lisez	*read*

Focus sur... *aller + infinitif*

3 Complète les phrases avec la bonne partie du verbe *aller* et un infinitif différent à chaque fois.

a Je *vais visiter le musée du Louvre.*

b Tu _____

c Il _____

d Elle _____

e On _____

f Nous _____

g Vous _____

h Ils _____

i Elles _____

échange ②
en plus

Focus grammaire 2

Focus sur... plurals and genders

Nom: _____

> - Nouns that end in *-al* and *-eau* are usually masculine.
> - The plurals of masculine nouns and adjectives that end in *-al* and *-eau* <u>don't</u> end in *-s*.

1 Complète les phrases au pluriel.

a Le chien est un animal loyal. Les chiens sont des ___*animaux loyaux*___ .

b C'est un bateau normal. Ce sont des _____ .

c J'ai un beau cadeau pour toi. J'ai deux _____ .

d On va fermer un hôpital rural. On va fermer des _____ .

e On a visité le château municipal. On a visité les _____ .

f Il a préparé un gâteau spécial. _____ .

Focus sur... prepositions

> Prepositions can completely change the meaning of a sentence. Some prepositions have different meanings in different contexts.
> What are some of the meanings of *à* and *de*?

2 Trouve l'anglais et complète les phrases avec la bonne préposition.

1 Mon frère est arrivé __*à*__ Paris.
2 Ma sœur va bientôt arriver _____ Paris.
3 C'était un cadeau _____ ma mère.
4 C'était un cadeau _____ mon père.
5 Annie est arrivée _____ sa valise.
6 Ahmed est arrivé _____ sa valise.
7 J'ai reçu une carte postale _____ mon ami.
8 J'ai lu tous les livres _____ J.R.R. Tolkien.
9 Tu connais l'adresse _____ l'école?

a *Annie arrived with her case.*
b *Do you know the address of the school?*
c *My brother has arrived in Paris.*
d *Ahmed arrived without his case.*
e *It was a present for my mother.*
f *I've read all the books by J.R.R. Tolkien.*
g *My sister is soon going to arrive from Paris.*
h *I got a postcard from my friend.*
i *It was a present from my father.*

échange ②
en plus

Stratégie 1

Relaying a message

Adapt language that you've heard or read in order to pass on information. Look at these examples:

Je vais en ville avec ma mère.

Je reste chez moi et je fais mes devoirs.

Pascal Nous sortons samedi soir avec nos copains. Julie

All of these questions require an answer in the third person (*il/elle, ils/elles*):

1 *Qui va en ville?*
2 *Qui reste à la maison?*
3 *Qui sort samedi soir?*
4 *Que fait Pascal?*
5 *Que fait Julie?*
6 *Que font Pascal et Julie?*
7 *Qu'est-ce que Pascal et Julie ont fait?*

What is the tense of questions 1–6? Your answer needs to be in the same tense. The answers to questions 4–6 will be similar to 1–3, but they need a bit more information.

1 <u>*Pascal*</u> *va en ville.*
2 <u>*Julie*</u> *reste <u>chez elle</u>.*
3 <u>*Pascal et Julie*</u> *sortent samedi soir.*
4 *Il (Pascal) va en ville <u>avec sa mère</u>.*
5 *Elle (Julie) reste chez elle <u>et fait ses devoirs.</u>*
6 *Ils (Pascal et Julie) sortent samedi soir <u>avec leurs copains</u>.*

Nom: _____

Notice what else has changed – in questions 2 and 4, *chez <u>moi</u>* ➔ *chez <u>elle</u>*; in questions 4–6, 'my' has become 'his/her', 'our' has become 'their'.

mon ⟶ *son*	*moi* (masc.) ⟶ *lui*	
ma ⟶ *sa*	*moi* (fem.) ⟶ *elle*	
mes ⟶ *ses*	(this is the same after any preposition, e.g.)	
notre ⟶ *leur*	*avec moi* (masc.) ⟶ *avec lui*	
nos ⟶ *leurs*	*pour moi* (fem.) ⟶ *pour elle*	

1a What tense is question 7 in?
_____

1b Which of these verbs take **avoir** as the auxiliary verb and which take **être** in the perfect tense:
aller (_____), **rester** (_____), **faire** (_____), **sortir** (_____)?

1c What happens to *être* verbs when the subject is feminine or plural?
They must _____.

2 Complete the answer to question 7.

7 *Pascal* _____ _____ *en ville avec* _____ *mère, mais Julie* _____ _____ *chez elle et elle* ____ _____ *ses devoirs. Samedi soir, ils* _____ _____ *avec* _____ *copains.*

échange **2** *en plus*

Stratégie 2

Nom: _____

Using a text as a source for your own writing

1 Here is part of Laura's diary from page 99.
Use it to write an account of a real or imaginary visit.

Pour commencer, nous avons passé une heure au Centre Pompidou. J'adore

l'architecture moderne, et l'exposition d'art était très intéressante. Après ça, je suis

partie à la Cité des Sciences en métro avec des copains. Il y a beaucoup de choses à

voir et à faire, mais l'exposition sur le système solaire et les galaxies était

impressionnante. J'ai beaucoup aimé le sous-marin Nautile aussi. À la boutique, j'ai

acheté des cadeaux – deux petits animaux pour mes copines!

Ensuite, j'ai voulu aller voir la Grande Arche de la Défense, mais c'était trop loin –

je vais revenir un autre jour. On a décidé de prendre le métro et on a fait les

magasins des Champs-Élysées et de la rue de Rivoli. À six heures et demie, on a

retrouvé les autres à l'Arc de Triomphe et on est rentrés chez nous. Demain, on va

retourner au collège, tant pis :-(

a Plan your text.
b – Highlight in yellow the parts of Laura's text that you can use without changing.
   – Highlight in another colour the parts that only need a bit of adapting.
   – Write some alternative ideas above those parts.
   – Adapt what's in the text.

c Write a first version of your text.
   – Use what you already know.
   – Add as much detail as you can.
d Swap texts with a partner and comment on each other's work.
   – Does it make sense?
   – Are there any mistakes?
   – Could more words be changed?
   – Could anything be added?
e Now redraft your work and check it carefully.

échange ② en plus

Accent français

Listening for subtleties

Nom: _____

The letter 't' at the end of a word is not normally sounded.

If the letter 't' is followed by 'e' at the end of a word, the 't' is sounded (but not the 'e'!).

If the vowel before 'te' is short, you usually add an extra 't' ('-tte').

French short and long vowels are very similar to English ones. Here are some English examples:

	short	long
a	c<u>a</u>t	c<u>a</u>rt
e	p<u>e</u>t	P<u>e</u>te
i	p<u>i</u>g	p<u>ie</u>
o	h<u>o</u>t	h<u>oe</u>
u	p<u>u</u>t	r<u>u</u>de

1 Écoute et complète les mots avec *-t*, *-te* ou *-tte*.

a sans dou____

b il fau____

c c'est ma fau____

d va tou____ droi____

e tou____ la journée

f une caro____

g c'est comple____

h complè____ la lis____

i M. Blério____

j Anne____

k un cha____

l une cha____

m un sac ver____

n une table ver____

o la boutique est ouver____

p le magasin est ouver____

Can you spot any patterns for which words usually add *-te* or *-tte*?

For words that end in 't', be careful when the next word begins with a vowel – this makes the final 't' sounded when it would not normally be! This is called 'liaison'.

il faut faire… ('t' not sounded)
il faut aller… ('t' sounded)

2 On prononce le 't' final ou non? <u>Souligne</u> les mots où on prononce le 't' final, puis écoute et vérifie.

a Les toilettes sont à droite.

b J'ai un chat gris.

c Moi, j'ai un chat orange!

d Le vert, c'est ma couleur préférée.

e Le stylo vert est à moi.

f À tout à l'heure!

EN **PLUS**

3 Write down some sentences in French which contain examples of words ending in 't'. Some of them should have liaison. Can you and your partner read them out correctly?

échange **2** *en plus*

Écoute et parle 1

1 Écoute et dessine le chemin de Leila sur le plan.

Nom: _____

Exemple:

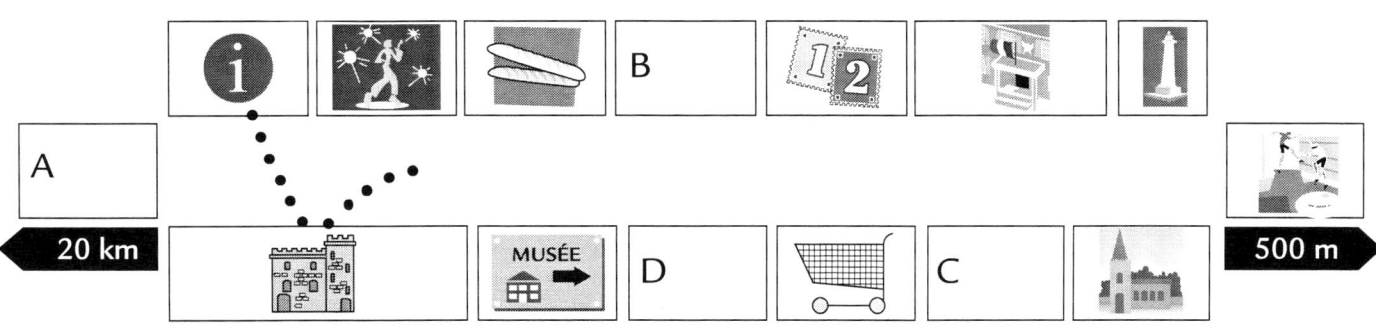

2 Écoute et écris le nom des endroits A–D sur le plan.

3 Le code de la route. Écoute et écris le numéro de chaque panneau dans le cercle.

EN PLUS

4 Réécoute et écris les directions sous chaque panneau.

			Continuez tout droit.		

5 À deux. À tour de rôle, indiquez un panneau et donnez les directions.

échange ②
en plus

Écoute et parle 2

Partenaire A

1 Écris ces quatre endroits dans les cases A, C, E, G (dans n'importe quel ordre):

Explique le chemin à ton/ta partenaire. Commence à la gare.

2 Où sont ces quatre endroits:

Demande à ton/ta partenaire et écris les noms dans les cases B, D, F, H.

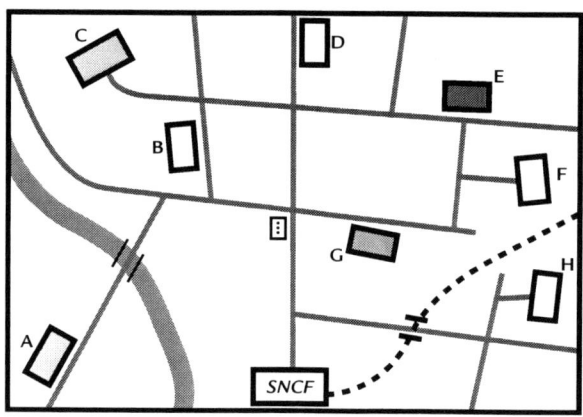

Pour aller à..., s'il te plaît?
Où est..., s'il te plaît?
Va.../Tourne...
Continue.../Traverse...
au carrefour/aux feux
au bout de/près de
à 50 mètres
à gauche/à droite

à gauche/à droite
à 50 mètres
au bout de/près de
au carrefour/aux feux
Continue.../Traverse...
Va.../Tourne...
Où est..., s'il te plaît?
Pour aller à..., s'il te plaît?

Explique le chemin à ton/ta partenaire. Commence à la gare.

  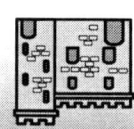 

2 Écris ces quatre endroits dans les cases B, D, F, H (dans n'importe quel ordre):

Demande à ton/ta partenaire et écris les noms dans les cases A, C, E, G.

1 Où sont ces quatre endroits?

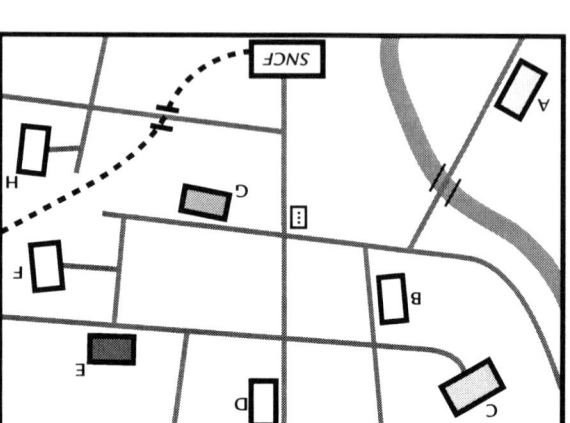

Partenaire B

Écoute et parle 3

1 Qu'est-ce qu'ils ont vu à Paris?
C'était comment? Relie.

Nom: _____

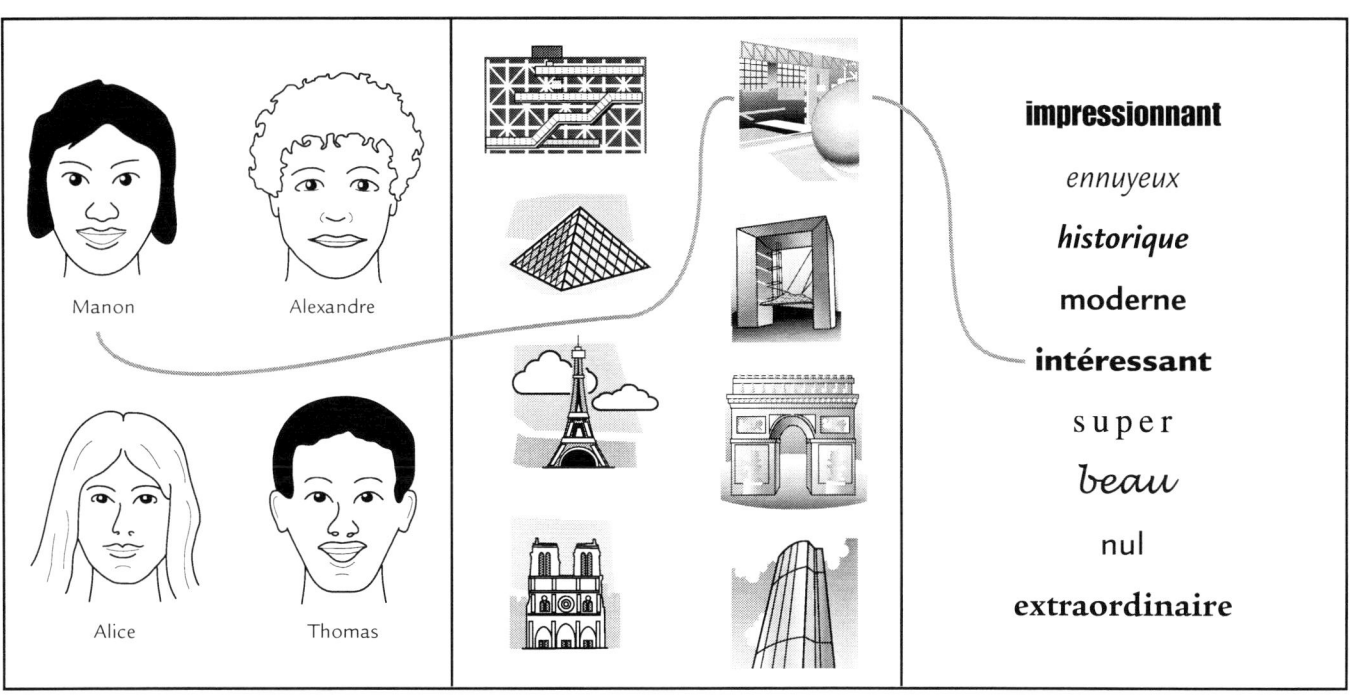

2 À deux. Faites des dialogues. Sers-toi des images et des
adjectifs de l'exercice 1.
Exemple:
A: Qu'est-ce que tu as fait à Paris?
B: J'ai visité la Cité des Sciences.
A: C'était comment?
B: C'était très intéressant.
A: Tu as visité autre chose?
B: Oui...

EN PLUS

3 À deux. Changez les détails et faites d'autres dialogues.

Exemple:
A: Qu'est-ce que tu as fait à Londres?
B: J'ai visité...
A: Comment tu as trouvé ça?
B: ...

échange ②
en plus

Lis et écris 1

1 Écris les mots à côté des images et trouve-les dans la grille.

___ _____

___ _____

tout _____

au _____

aux _____

la *banque*

la _____ ____ _____

la _____

le _____

la _____

le _____

l'office ____ _____

la _____

la _____

le _____

B	A	N	Q	U	E	O	N	B	S	E	R
O	À	E	T	R	D	D	R	O	I	T	O
Î	G	U	À	F	E	U	X	U	C	C	V
T	A	E	D	D	T	E	V	L	H	A	A
E	U	N	R	T	O	L	E	A	Â	R	C
D	C	M	O	N	U	M	E	N	T	R	I
E	H	N	I	É	R	M	A	G	E	E	À
N	E	Q	T	U	I	A	T	E	A	F	R
U	E	H	E	E	S	U	R	R	U	O	Z
I	P	H	A	R	M	A	C	I	E	U	O
T	E	S	Q	U	E	I	N	E	Z	R	O
P	O	S	T	E	E	M	A	I	R	I	E

2 Tu as trouvé tous les mots? Les lettres qui restent donnent le rendez-vous secret (si on lit de gauche à droite, de haut en bas.)

Le message:

<u>On</u> ___ __ _____

_____ __ _____

_ ____ _____

_____.

Lis et écris 2

1 Complète le texte avec les mots de la case.

Nom: _____

Pour aller à Paris, je vais (1)_____ le train parce que c'est (2)_____.

Je m'intéresse aux (3)_____ et monuments (4)_____, alors je vais

certainement visiter la (5)_____ de Notre-Dame. Elle est très

impressionnante sur l'île de la Cité dans la Seine.

La tour Eiffel est un bâtiment plus (6)_____ , et nous (7)_____

monter jusqu'au (8)_____ étage à pied – c'est (9)_____ cher

comme ça et c'est (10)_____ marrant! Si on s'(11)_____ à

l'architecture moderne, il ne faut pas (12)_____ la Grande Arche dans le

(13)_____ de la Défense. Comme la tour (14)_____, elle

commémore la (15)_____ Française, mais on a construit la Grande Arche

environ cent (16)_____ après la tour Eiffel.

allons	ans	bâtiments	cathédrale
deuxième	Eiffel	historiques	intéresse
manquer	moderne	moins	plus
prendre	quartier	rapide	Révolution

2 Romain parle de sa journée à Paris. Recopie le texte dans le bon ordre.
Exemple: (c) D'abord, j'ai visité le Centre Pompidou...

a heures au Louvre. Plus tard, j'ai
b une belle photo de l'Arc de
c D'abord, j'ai visité le Centre Pompidou
d visiter la tour Montparnasse.
e avec Laura. Après ça, je suis allé à
f Triomphe. La prochaine fois, je vais
g monté jusqu'au troisième étage
h Notre-Dame. Ensuite, j'ai passé deux
i traversé la ville en métro. À 3 heures, je suis
j de la tour Eiffel. Pour finir, j'ai fait

échange ②
en plus

Lis et écris 3

Le Sénégal

Le Sénégal est un pays de soleil, un pays plein d'attractions touristiques – c'est idéal pour les vacances.

- du soleil presque toute l'année
- 700km de plages de sable fin
- des sports nautiques pour tout le monde
- des sites naturels d'une grande beauté
- des parcs et des réserves pour les oiseaux et les animaux sauvages
- un accueil amical de sa population
- des coutumes et traditions fascinantes
- des villes historiques, cosmopolites et dynamiques
- un pays d'Afrique de l'Ouest qui n'est pas loin de l'Europe … et on parle français!

Venez nous voir!

1 Lis le dépliant. Écris V (vrai), F (faux) ou ? (on ne sait pas).

   a Le Sénégal est en Afrique.   V
   b Il pleut presque tout le temps.
   c Il y a de beaux paysages naturels.
   d Il n'y a pas de grandes villes au Sénégal.
   e Les Sénégalais n'aiment pas les touristes.
   f On peut faire beaucoup de sports aquatiques.
   g Les vols entre la France et le Sénégal ne sont pas chers.
   h Ce n'est pas un pays francophone.

Nom: _____

2 Paul et sa sœur Laetitia sont allés en vacances au Sénégal. Écris le mail de Paul après les vacances. Qu'est-ce que tu as fait? Où es-tu allé(e)? Sers-toi du dépliant et des notes du journal de Paul.

Exemple: Salut, Mathieu!
  Nous avons passé deux semaines au Sénégal – c'était super! J'ai…

> *2 semaines au Sénégal*
>
> *vol Paris – Dakar pas mal, assez court*
>
> *beau temps*
>
> *Dakar – très intéressant; musée des arts et traditions – impressionnant; beaux magasins :-)*
>
> *tous les jours: natation ou planche à voile plage – très belle*
>
> *2 jours – visite d'une réserve – vu des éléphants, un lion, beaucoup d'oiseaux etc.*
>
> *veux revenir!*

EN **PLUS**

3 Décris tes vacances. Sers-toi des idées du dépliant et de tes réponses.

Projet d'informatique 1

1 Choose a Paris monument and find out as much as you can about it. You could choose one of the monuments mentioned in unit 6 or any other that you are interested in.

Nom: _____

Here are some suggestions:

Le Centre Pompidou
Who was Pompidou?
Why is the centre named after him?
What other name is it given?
When was it built?
Which area of Paris is it in?
What are the most striking architectural features of the building?
What is it used for?

La cathédrale de Notre-Dame
Where exactly is the cathedral situated?
When was it built? Who was ruling the country at that time?
What religion does it belong to?
What events (other than regular religious services) take place there?
What books or films has it featured in?

2 Les transports à Paris
There are four branches of the RATP – *métro, bus, RER* and *tramway*.
What does RATP stand for and what is it?

Le métro

- When and where was the first métro line opened?
- How many stations and how many kilometres of track are there now?
- What feature of the trains was introduced to make them quieter, and when?
- Many of the stations have been elaborately decorated at some time. Find some examples.
- Are any stations particularly famous? If so, for what reason?

Le bus

- What colour are Paris buses?
- Are there any double-decker buses?

Le RER
- What does RER stand for and what is it?

Le tramway

- How widespread is the tram network?
- What do people think of it?

Le batobus/Les bateaux mouche
- Where do water buses run from and to?
- What sights can you see from them?
- How much does it cost to go on them?
- What other forms of river transport are there in Paris?
- Where is the source of the Seine and where does it meet the sea? Which sea?

change ②
en plus

Projet d'informatque 2

Le Zénith de Paris

Nom: _____

- Construit en 1983, ce complexe de 6200 m² est le premier-né d'une nouvelle génération de salles de concerts.
- Il offre des conditions idéales de confort, de sécurité, de visibilité et d'acoustique.
- La salle de spectacle (d'une capacité de 5 830 places assises) a deux niveaux de galerie.
- La plus grande distance entre la scène et les sièges est limitée à 50m.
- L'espace au sol peut être changé en fonction des besoins.

- Inauguré le 12 janvier 1984, le Zénith est le premier établissement du Parc de la Villette à ouvrir ses portes au public.
- On a construit le Zénith parce qu'il n'y avait pas de grande salle de concerts rock à Paris pour les jeunes.

You can answer some of these questions using information on this sheet, but you will have to look the rest up elsewhere.

1a Where in Paris is the Zénith?

1b What else is on the same site now? (You've read about it in unit 6.)

2 What are the key features of the Zénith concept?

3a Where else in France are there Zénith concert halls?

3b Which city has the largest Zénith?

4a Look at the programme for one of the venues for the next few months. Who is appearing?

4b Do you recognise the names? If not, try to find out what sort of show or act they are and where they come from.

5a Which event(s) would you like to attend?

5b How much would it cost?

échange ②
en plus

Contrôle: Écoute et parle

1 Écoute, regarde le plan et note la bonne lettre pour chaque endroit.

Nom: _____

  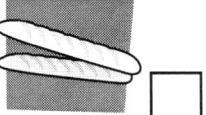  *I*

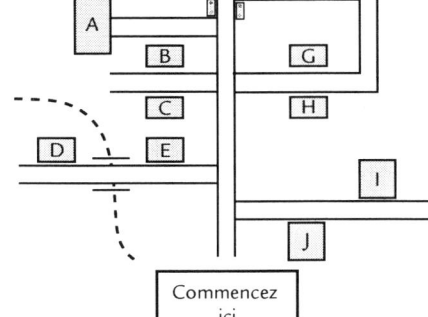

10 marks

2 À deux. Regardez le plan et faites des dialogues.

A:  ?

B: (*Choisis une lettre A–J et explique le chemin.*)
A: (*Note la lettre.*)

B:  ?

A: (*Choisis une lettre A–J et explique le chemin.*)
B: (*Note la lettre.*)

5 marks

3 Écoute. Où est-ce qu'ils sont allés à Paris? Coche les monuments. Attention! Coche seulement les monuments visités.

a  **b** 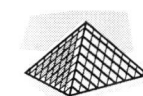 **c** 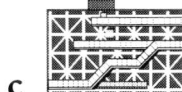 **d**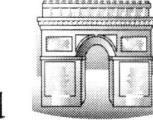

e ✔ **f**  **g**  **h**

5 marks

4 Tu vas visiter Paris. Qu'est-ce que tu vas voir? Parle à ton/ta partenaire.

5 marks

Contrôle: Lis et écris

1 Regarde le dépliant et lis les phrases.
Écris V (vrai), F (faux) ou ? (on ne sait pas).

Nom: _____

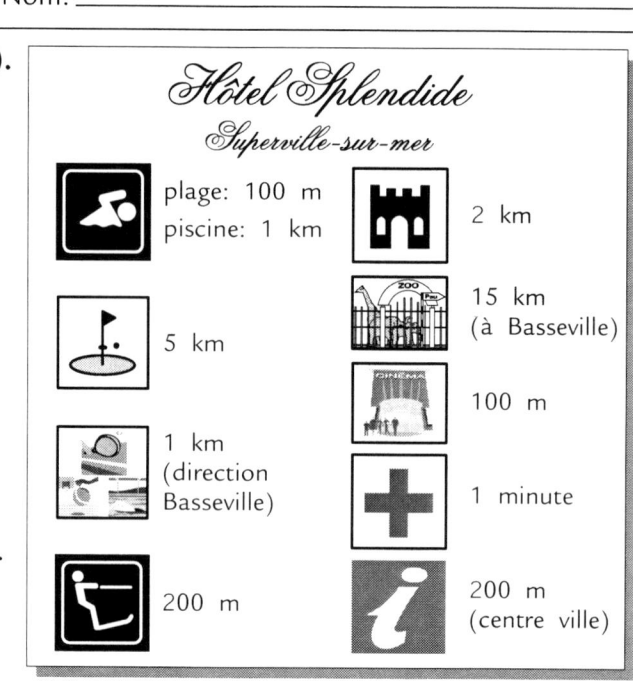

a Près de l'hôtel, il y a une plage où on
peut nager. *V*

b L'office de tourisme est très loin de
l'hôtel.

c Il n'y a pas de pharmacie à
Superville-sur-mer.

d Il y a un zoo à Basseville.

e Il y a une piscine au centre sportif.

f On peut jouer au golf, mais c'est à
quinze kilomètres de Superville.

g Il n'y a pas de magasins près du cinéma.

6 marks

2 Tu as passé tes vacances à l'hôtel Splendide. Écris une carte
postale. Qu'est-ce que tu as fait? Mentionne au moins trois
activités.

Exemple: Je passe quelques jours à Superville. Lundi, j'ai..., puis je
suis... C'est assez loin de...

6 marks

3 Complète l'extrait du journal d'Antoine.

Pour commencer, nous avons __*passé*__ une heure à la cathédrale
de Notre-Dame. J'adore les monuments _____ et c'était
très intéressant. _____ ça, on est partis en
_____ à la Cité des Sciences. Laura a _____
aimé le sous-marin Nautile, mais pour moi, c'était un peu
_____. Ensuite, j'ai voulu _____ voir la Grande
Arche de la Défense, mais c'_____ trop _____.
Pour finir, on a _____ les autres à l'Arc de Triomphe et
on est _____ chez nous.

5 marks

> aller
> Après
> beaucoup
> ennuyeux
> était
> historiques
> loin
> métro
> ~~passé~~
> rentrés
> retrouvé

4 Écris un paragraphe sur ta ville ou ta région. Qu'est-ce qu'il
y a/il n'y a pas? Qu'est-ce qu'on a fait ou qu'est-ce qu'on
va faire?

8 marks

Contrôle: Unités 5–6

1 Écoute et complète les phrases.

Nom: _____

  a Amélie est allée _en Italie_ et elle a pris _le train_ .

  b Mathieu est allé _____ et il a pris

    _____ .

  c Sylvaine est partie _____ pour aller

    _____ .

  d Mahmoud est _____ et il a

    _____ .

  e Frédérique est _____ et elle a fait des

    tours _____ .

8 marks

2 Romain décrit sa classe verte. Remets le texte dans l'ordre.
Exemple: c, ...

  a l'après-midi, on a fait des activités

  b ville verte située au pied des

  c Pour la classe verte, on était dans

  d en poulie était fatigante, mais très

  e une auberge de jeunesse au sud de

  f arrivés lundi matin, et après le

  g sportives dans les Pyrénées. La descente

  h Pau, à 2km du centre-ville. On est

  i pour retourner à Nantes. C'était un séjour extraordinaire.

  j cours à l'auberge de jeunesse, mais

  k marrante. Jeudi matin, on a pris le train

  l déjeuner, on a visité Pau, une

  m Pyrénées. Le matin, on a eu des

6 marks

3 À deux. Imaginez des vacances francophones. Faites un
dialogue.
Où est tu allé(e)? Avec qui?
C'était comment?
Quel temps faisait-il?
Tu vas revenir?

6 marks

4 Qu'est-ce qu'il y a à Paris? Qu'est-ce qu'on peut faire et voir
dans la capitale? Écris un paragraphe. Utilise le présent,
le passé et le futur.

5 marks

échange ②
en plus

Vocabulaire

Nom: _____

En ville	In town
la banque	bank
la boîte de nuit	nightclub
la boulangerie	bakery
le château	castle
la mairie	town hall
le monument	monument
l'office de tourisme	tourist office
la pharmacie	chemist's
la poste	post office
le zoo	zoo

Il y a une banque à 500 mètres/à deux kilomètres.
There is a bank 500 metres away/two kilometres away.

Il y a des magasins près d'ici/tout près/assez près/pas loin/assez loin/très loin.
There are shops near here/nearby/quite near/not far/quite far/very far away.

Il n'y a pas de magasins près d'ici.
There aren't any shops near here.

Où est...?
Where is...?

Pardon/Excusez-moi, monsieur/madame...
Excuse me, monsieur/madame...

Où est le/la/l'/..., s'il vous plaît?/Où sont les..., s'il vous plaît?
Where is the...?/Where are the...?

Pour aller au/à la/à l'/aux..., s'il vous plaît?
How do I get to the...?

Je cherche le/la/l'/les...
I'm looking for the...

Prends/Prenez la première/deuxième rue à droite/à gauche.
Take the first/second street on the right/left.

Tourne/Tournez à droite/à gauche.
Turn right/left.

Traverse/Traversez le pont.
Cross the bridge.

Va/Allez/Continue/Continuez tout droit jusqu'au carrefour/aux feux.
Go/Continue straight on to the crossroads/the lights.

Tu dois/Vous devez tourner...
You have to turn...

C'est...
It's...
devant — *in front of*
en face de — *opposite*
au coin de — *at the corner of*
au bout de — *at the end of*

À Paris
In Paris

Je vais voir/visiter... la tour Eiffel/la cathédrale de Notre-Dame/l'arc de Triomphe/la tour Montparnasse/la Cité des Sciences et de l'Industrie.
I'm going to see/visit... the Eiffel Tower/Notre-Dame cathedral/the Arc de Triomphe/Montparnasse tower/the Museum of Science and Industry.

Il ne faut pas manquer le Centre Pompidou/le musée du Louvre.
You mustn't miss the Pompidou Centre/the Louvre museum.

Je (ne) m'intéresse (pas) à...
I am (not) interested in...

Qu'est-ce que tu as fait?
What did you do?

J'ai vu/visité/passé/traversé/fait...
I saw/visited/spent/crossed/did...

Je suis allé(e)/arrivé(e)/sorti(e)/monté(e)/parti(e)...
I went/arrived/went out/went up/left...

d'abord/après ça/ensuite/puis/enfin
firstly/after that/next/then/finally

C'était merveilleux/fantastique/cool.
It's was great/fantastic/cool.

Ce n'était pas mal.
It wasn't bad.

C'était ennuyeux/nul/fatigant.
It was boring/rubbish/tiring.

Il faisait beau/mauvais.
The weather was good/bad.

Il y avait du soleil/du vent.
It was sunny/windy.

Il faisait froid/chaud.
It was cold/hot.

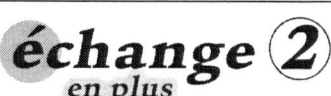

Je sais...

Nom: _____

	Me	My partner

I know how to...

- name places in town: *la banque, la boulangerie, la mairie, la pharmacie* ☐ ☐

- say how near or far places are: *l'office de tourisme est près d'un monument; le château est loin du musée; à 50 mètres de...* ☐ ☐

- use *il y a* and *il n'y a pas* to say 'there is/isn't' or 'there are/aren't': *il y a une boulangerie près d'ici mais, il n'y a pas de poste*

- ask for and give directions: *Pardon, monsieur, pour aller à la gare, s'il vous plaît? Continuez tout droit; Tournez à gauche; Prenez la deuxième rue à droite* ☐ ☐

- say where a place in town is: *le cinéma est devant/en face de/au coin de...* ☐ ☐

- distinguish between words that end in *-t* (the 't' is silent) and words that end in *-te* (the 't' is sounded) ☐ ☐

- say what there is to see and do in Paris: *il y a la tour Eiffel, l'arc de Triomphe, Notre-Dame et le Centre Pompidou* ☐ ☐

- say what I am going to do in Paris: *je vais visiter...; on va aller à...* ☐ ☐

- use a text as a prompt for my own writing ☐ ☐

- write about a visit to Paris in the past: *on a visité la tour Montparnasse et on a passé deux heures au Louvre. C'était très intéressant...*

- plan and redraft a description ☐ ☐

- work out some plurals and genders of words such as *hôpital, animal, château* ☐ ☐

- use some phrases in the imperfect tense: *il y avait beaucoup de choses à faire; il faisait beau; ce n'était pas mal* ☐ ☐

- recognise that prepositions change the meaning of a sentence: *j'arrive à Paris/j'arrive de Paris; c'est pour ma mère/c'est de ma mère*

- relay a message in the third person ☐ ☐

Contrôle final: Unités 1–2

1 Écoute. Qu'est-ce qui ne va pas?
Note les bonnes lettres.

Nom: _____

1	2	3	4	5	6	7
j, m						

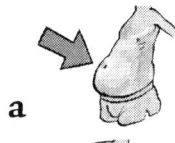 **a**
 **b**
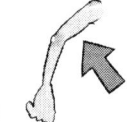 **c**
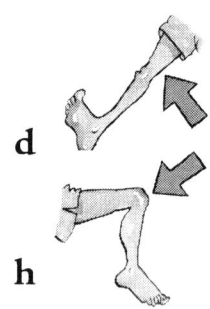 **d**

m **i** **j** **n** **k** **l**

 **e**
 **f**
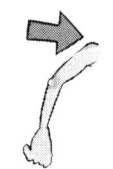 **g**
h

6 marks

2 Lis les textes. Relie.

1 Restez au lit et prenez ces comprimés
   quatre fois par jour.
2 Prenez ces comprimés trois fois par
   jour avant les repas.
3 Prenez ce sirop après les repas.
4 Mettez cette crème matin et soir.
5 Prenez ces pastilles pour la toux.

4 marks

a *J'ai fini le petit déjeuner. Je dois prendre mon médicament.*

b *J'espère que ça va aider parce que je tousse continuellement.*

c *Je ne peux pas sortir aujourd'hui.*

d *Je dois prendre mon médicament – c'est presque l'heure du déjeuner.*

e *C'est ennuyeux, mais je dois la mettre deux fois par jour.*

3 Écris une description de cette personne. Sers-toi des
questions pour t'aider.

Exemple: Il est assez grand et très sportif. Il a les cheveux...
         Il porte...

Il est comment?
Qu'est-ce qu'il porte? (Invente des couleurs!)
Qu'est-ce qu'il fait pour la forme? Combien de fois?

10 marks

4 Décris-toi à ton/ta partenaire.

Tu es comment? (cheveux, yeux, taille, caractère...)
Qu'est-ce que tu aimes porter?
Qu'est-ce qu'il faut porter au collège?
Qu'est-ce que tu (ne) fais (pas) pour ta santé?

10 marks

en plus

Contrôle final: Unités 3–4

1 Écoute. C'est quel genre de film? C'était comment? Écris le bon numéro, puis écris l'opinion.

Nom: _____

a  [ ]

b [ ]

c   *1 – super*

d [ ]

e  [ ]

f  [ ]

10 marks

2 Parle à ton/ta partenaire d'un film que tu vas voir. C'est quel genre de film? Tu préfères quel genre de film?

7 marks

3 Lis le mail de Charles. Écris V (vrai), F (faux) ou ? (on ne sait pas).

> Ma sœur, Audrey, a un petit boulot: elle fait du baby-sitting une ou deux fois par semaine. C'est assez intéressant, mais ce n'est pas très bien payé. Moi, j'ai envie de travailler dans un fast-food, mais je suis trop jeune. Pour le moment, je promène le chien pour mes parents. C'est bien parce que je reste en forme et je gagne 15 euros par semaine! De temps en temps, je lave des voitures aussi. C'est très ennuyeux, surtout quand il fait froid, mais c'est bien payé et chaque semaine je peux mettre de l'argent de côté. L'année prochaine, je vais acheter une mobylette.

a Audrey ne fait jamais de baby-sitting. *F*
b Elle ne gagne pas beaucoup d'argent.
c Charles travaille dans un fast-food.
d Il promène le chien matin et soir.
e Il lave des voitures pour quinze euros.
f Il n'aime pas faire ça quand il fait froid.
g Il a acheté une mobylette avec l'argent qu'il a gagné.

6 marks

4 Écris un paragraphe sur ton week-end type: par exemple, ta routine, ce que tu fais pour aider à la maison, comment tu gagnes de l'argent, ce que tu as acheté.
Exemple: Le samedi, je me lève normalement vers dix heures...

12 marks

change ②
en plus

Contrôle finale: Unités 5–6

1 Écoute et note le moyen de transport et la destination.

Nom: _____

	transport	destination
1	c	o
2		
3		
4		
5		
6		
7		

a b c
d e f
g h i
j k l
m n o
p q r

12 marks

2 Choisis trois destinations et dis à ton/ta partenaire où tu es allé(e), par quel moyen de transport, pourquoi, et comment c'était.

Exemple: Je suis allé en France en train parce que c'est plus pratique. C'était pas mal!

12 marks

3 Lis un extrait du journal de Romain et complète les phrases avec les mots de la case.

Je suis ___*parti*___ en classe verte au mois de mai. Laura aussi est _____ , alors c'était génial!
Lundi à midi, on est partis en _____ de l'aéroport de Nantes, et on est _____ à _____ 45 minutes plus tard.
Puis, on est allés en car à l'_____ de jeunesse au _____ de Pau, à 2km du centre-ville.
On a visité Pau, et c'était _____ et très intéressant. Pau est une _____ verte située au pied _____ Pyrénées et voilà _____ on est allés à Pau: pour _____ des activités _____.
Le _____, on est restés dans la _____ de classe à l'auberge de _____. C'était un peu _____, mais l'après-_____, on est sortis. On a fait des randonnées, du _____ et du canoë-kayak. C'_____ fatigant, mais _____ marrant!
Jeudi matin, on a _____ le train pour retourner _____ Nantes. C'était un séjour extraordinaire.

à	arrivés	auberge	avion	beau
des	ennuyeux	était	faire	jeunesse
matin	midi	~~parti~~	venue	Pau
pourquoi	pris	rafting	salle	
sportives	sud	très	ville	

11 marks

Le jeu des sorties

S = Sortie	RV = Rendez-vous
J = Jour	V = Vêtements
H = Heure	

S	S	S	S

S	S	S	S

J	J	J	J
merc. ap.-m	ven. ap.-m	ven. s.	sam. m.

J	J	J	J
sam. ap.-m	sam. s.	dim. m	dim. ap. -m.

H	H	H	H
4.00	4.30	5.00	6.45

change ② en plus

Le jeu des sorties

S = Sortie	RV = Rendez-vous
J = Jour	V = Vêtements
H = Heure	

Ⓗ	Ⓗ	Ⓗ	Ⓗ
7.15	**8.00**	**10.00**	**11.30**
ⓇⓋ	ⓇⓋ	ⓇⓋ	ⓇⓋ
ⓇⓋ	ⓇⓋ **moi**	ⓇⓋ **toi**	ⓇⓋ
Ⓥ	Ⓥ	Ⓥ **bleu**	Ⓥ
Ⓥ **noires**	Ⓥ	Ⓥ	Ⓥ **rouge**

échange ② *en plus*

© OUP: this may be reproduced for use solely by the purchaser's institu

Progress page

- At the end of each unit, write down the level you have achieved in each skill.
- Write down what you think you need to do to improve on your level.

Nom: _____

Unit	Listening	Speaking	Reading	Writing
1 On a du style!	I have achieved Level_____ I need to practise_____	I have achieved Level_____ I need to practise_____	I have achieved Level_____ I need to practise_____	I have achieved Level_____ I need to practise_____
2 La santé	I have achieved Level_____ I need to practise_____	I have achieved Level_____ I need to practise_____	I have achieved Level_____ I need to practise_____	I have achieved Level_____ I need to practise_____
3 Loisirs	I have achieved Level_____ I need to practise_____	I have achieved Level_____ I need to practise_____	I have achieved Level_____ I need to practise_____	I have achieved Level_____ I need to practise_____
4 Il faut le faire	I have achieved Level_____ I need to practise_____	I have achieved Level_____ I need to practise_____	I have achieved Level_____ I need to practise_____	I have achieved Level_____ I need to practise_____
5 On va où?	I have achieved Level_____ I need to practise_____	I have achieved Level_____ I need to practise_____	I have achieved Level_____ I need to practise_____	I have achieved Level_____ I need to practise_____
6 Bon voyage!	I have achieved Level_____ I need to practise_____	I have achieved Level_____ I need to practise_____	I have achieved Level_____ I need to practise_____	I have achieved Level_____ I need to practise_____

change ② *en plus*

Attainment Target 1: Listening and Responding

Level 3
I can understand short passages of familiar language spoken at near normal speed. I can note down main points and personal responses.

Level 4
I can understand longer passages made up of familiar language in simple sentences, spoken at near normal speed. I can note main points and some details.

Level 5
I can understand extracts of material from several topics, including past, present or future events. I can note down main points, specific details and opinions.

Level 6
I can understand short extracts of spoken language which cover past, present and future events and include familiar language in unfamiliar contexts.

Attainment Target 2: Speaking

Level 3
I can use short phrases to express likes and dislikes and opinions.
I can have a conversation with two or three exchanges.

Level 4
I can take part in structured conversations of three or four exchanges. I can adapt and substitute single words or phrases.

Level 5
I can take part in short conversations, giving and asking for information and opinions. I can talk about recent events and future plans, as well as everyday activities.

Level 6
I can take part in conversations that include past, present and future actions and events. I can use my knowledge of grammar in new contexts.

Attainment Target 3: Reading and responding

Level 3

I can understand short texts and dialogues of familiar language. I can note main points and likes, dislikes and opinions. I can use a bilingual dictionary or a glossary to look up new words.

Level 4

I can understand short stories and factual texts. I can note main points and some details. I can use context to work out what unknown words mean.

Level 5

I can understand a range of written material, including texts that cover past, present and future events. I can note main points, specific details and opinions. I am confident in reading aloud and using reference materials.

Level 6

I can understand a variety of texts that cover past, present and future events and that include familiar language in unfamiliar contexts. I can note main points, specific details and points of view.

Attainment Target 4: Writing

Level 3

I can write two or three short sentences on familiar topics. I can express likes, dislikes and feelings. I can write short phrases from memory.

Level 4

I can write paragraphs of three or four simple sentences, mainly using memorised language. I can use my knowledge of grammar to adapt words and set phrases. I can use dictionaries and glossaries to check words I have learnt.

Level 5

I can produce short pieces of writing, in sentences, to ask for and give information and opinions. I can refer to recent experiences and future plans, as well as everyday activities. I can use dictionaries and glossaries to look up unknown words.

Level 6

I can write in paragraphs and refer to past, present and future actions and events. I can apply grammar in new contexts.

change ②
en plus